REMO H. LARGO

Wer bestimmt den
Lernerfolg: Kind, Schule,
Gesellschaft?

FLUGSCHRIFTEN ARCHIV DER ZUKUNFT

herausgegeben von Reinhard Kahl

REMO H. LARGO

Wer bestimmt den
Lernerfolg: Kind, Schule,
Gesellschaft?

Dieses Buch ist auch als E-Book erhältlich:
ISBN 978-3-407-22343-2

www.beltz.de

© 2013 Beltz Verlag, Weinheim und Basel
Umschlaggestaltung: www.anjagrimmgestaltung.de, Stephan Engelke
(Beratung)
Layout und Herstellung: Lelia Rehm
Druck und Bindung: Beltz Bad Langensalza GmbH, Bad Langensalza
Printed in Germany

ISBN 978-3-407-85983-9
2 3 4 5   16 15 14 13

Inhalt

Vorwort des Herausgebers

Die Kinder sind seine wichtigsten Lehrer. Sie haben ihm im Laufe der Zeit auch Demut beigebracht. Das begann für den Kinderarzt und späteren Hochschullehrer Mitte der 1970er-Jahre, als Remo Largo die Leitung der »Zürcher Longitudinalstudie« übernahm. Für diese Langzeitstudie zur Kindesentwicklung wurden inzwischen 800 Kinder bis ins Erwachsenenalter beobachtet. Sie ist eine der umfangreichsten Studien dieser Art. An der Zürcher Universitätsklinik blieb Remo Largo bis zu seiner Emeritierung Professor für Kinderheilkunde.

Von mancher Erkenntnis aus seinen Forschungen musste er sich zunächst selbst überzeugen. Etwa, dass man Kindern nichts beibringen kann, wenn sie in ihrer Entwicklung noch nicht so weit sind. Denn Lernen bedeutet immer anzuknüpfen und die Webmuster der Kinder sind verschieden. Aber genau damit tun sich die meisten Schulen schwer.

Kaum jemand, der in den letzten zwanzig Jahren Eltern wurde, kennt eines seiner Bücher nicht: *Babyjahre, Kinderjahre, Jugendjahre.* Sie gehören zu den einflussreichsten – und jetzt bleibt einem das Wort Ratgeber im Munde stecken, denn Ratgeber sind seine Bücher nicht –

und sie sind es doch. Aus seinen genauen, zuweilen überraschenden Beobachtungen an Kindern folgt so viel mehr als aus dem schnellen Urteil der immerzu schon Wissenden. Remo Largo steckt seine Leser mit seinem Blick an, genau wahrzunehmen und respektvoll mit Kindern umzugehen.

Seine Genauigkeit weist ihm auch eigene Wege und unerwartete Standpunkte im häufig von Ideologen planierten Gelände der »Bildung«. Er betont die Einzigartigkeit eines jeden Kindes und beobachtet, wie sie alle mit der Zeit immer verschiedener werden. Er klagt die Schulen an, dass sie dieser Individualität nicht gerecht werden. Er klagt sie nicht dafür an, dass nicht jedes Kind Abitur macht. Denn die ursprüngliche Verschiedenheit – und dazu gehören auch Schwächen – ist im Kern nicht aufzulösen. Sie ist anzuerkennen. Mit ihr ist umzugehen. Und dann lässt sich auch aus Schwächen manchmal eine Stärke machen.

Remo Largo kritisiert die Schulen, wenn sie »auf den Schwächen der Kinder herumreiten« statt auf deren Stärken zu setzen. Er warnt sie vor der »Selektionsfalle«, wenn man meint, den unterschiedlichen Schülern mit deren Aufteilung nach verschiedenen Schultypen gerecht werden zu können.

Remo Largo erzählt in dieser Flugschrift von seinen Forschungen über Kinder und den sich daraus ergebenden Konsequenzen. In seinem Essay fragt er: »Wer bestimmt den Lernerfolg?« Seine Antwort: Es sind vor allem die Kinder und Jugendlichen, selbst wenn die Institution sie daran hindert.

Für Kinder wirklich geeignete Schulen erwartet er erst, wenn sie endlich autonom werden. Schulen, die selbst lernen und die verstehen »wie Kinder ticken«, damit jedes Kind auf seine Weise das tun kann, was alle Kinder ohnehin wollen: lernen. Vor allem darf man Lernen nicht länger zur passiven Seite von Belehrung stutzen und auf das Erreichen von Standards reduzieren. Denn »Kinder können nur dann eigene Lernstrategien entwickeln, wenn man sie lässt.« Aber die Erwachsenen müssen da sein. Sie müssen für die Kinder einfach da sein. Denn Selbstständigkeit und Individualität, das ist Remo Largos Credo, entwickeln Kinder aus sicheren Bindungen.

Reinhard Kahl, Juli 2013

Einleitung

Seit Jahrhunderten umkreisen wir mit unterschiedlichsten Vorstellungen die Institution Schule, beim Individuum Kind sind wir immer noch nicht angekommen.

Beim Erscheinen der ersten PISA-Resultate vor zwölf Jahren mussten wir in Deutschland, Österreich und der Schweiz mit Erstaunen zur Kenntnis nehmen, dass unsere Schulen keineswegs an der Spitze der untersuchten Länder standen, stattdessen überwiegend im Mittelfeld herumdümpelten (PISA OECD). Die nachfolgenden PISA-Studien haben diese Resultate bestätigt, die gesellschaftliche Verunsicherung weiter verstärkt und zu überstürzten Reformen geführt. Das Bildungswesen steht mehr denn je im Brennpunkt der Gesellschaft (Abbildung 1).

Die *Bildungspolitik* müht sich an zahlreichen Fronten ab: Integration von Schülern mit besonderen Bedürfnissen in die Regelklasse, Einführung von Fremdsprachen in der Grundstufe, Gesamt- und Tagesschulen, Langzeit- und Kurzzeitgymnasien, duales Bildungssystem usw. Die Bildungsministerien üben dabei einen enormen Druck auf die Lehrpersonen und diese wiederum auf die Schüler und Eltern aus. Bei all diesen Bemühungen bleibt eine zentrale

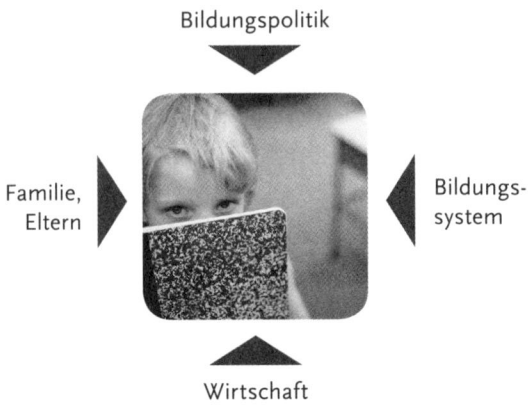

Bildungspolitik

Familie, Eltern

Bildungssystem

Wirtschaft

Abbildung 1: Das Kind ist umstellt von gesellschaftlichen Interessengruppen, die alle nur »sein Bestes« wollen. Was aber will das Kind?

Frage ungeklärt: Wer trägt die Verantwortung im Bildungswesen? Manche Bildungspolitiker beziehen sich heute noch in ihren Reden auf Wilhelm von Humboldt, den Vordenker eines liberalen Staates und einer humanistischen Bildung. Doch warum beherzigen sie dann nicht, was der preußische Kultusminister 1792 in seiner Abhandlung *Ideen zu einem Versuch, die Grenzen der Wirksamkeit des Staates zu bestimmen* geschrieben hat?

>»Gerade die aus der Vereinigung mehrerer entstehende
>Mannigfaltigkeit ist das höchste Gut, welches die Ge
>sellschaft gibt, und diese Mannigfaltigkeit geht gewiß
>immer in dem Grade der Einmischung des Staates
>verloren. Es sind nicht mehr eigentlich die Mitglie-

der einer Nation, die mit sich in Gemeinschaft leben, sondern einzelne Untertanen, welche mit dem Staat, d. h. dem Geiste, welcher in seiner Regierung herrscht, in Verhältnis kommen, und zwar in ein Verhältnis, in welchem schon die überlegene Macht des Staats das freie Spiel der Kräfte hemmt. Gleichförmige Ursachen haben gleichförmige Wirkungen. Je mehr also der Staat mitwirkt, desto ähnlicher ist nicht bloß alles Wirkende, sondern auch alles Gewirkte … Wer aber für andere so räsoniert, den hat man, und nicht mit Unrecht, in Verdacht, daß er die Menschheit mißkennt, und aus Menschen Maschinen machen will.«

Wilhelm von Humboldt spricht einen Missstand an, der den Staat als Ganzes, ganz besonders aber das Bildungswesen betrifft. Bildungs- und Kultusministerien versuchen seit 200 Jahren, die Schule mit Druck und Gleichmacherei nach ihren Vorstellungen zu gestalten, und missachten dabei die Individualität und Vielgestaltigkeit der menschlichen Natur. In Deutschland äußern 75 Prozent der Lehrer und Eltern große Zweifel an der aktuellen Bildungspolitik (Allensbach 2012). Die wichtigsten Kritikpunkte der Lehrer sind: praxisferne Schulreformen, zu volle Lehrpläne und ein Übermaß an bürokratischen Vorgaben. Die eigentliche Aufgabe der Bildungsministerien wäre es vielmehr, nachzufragen, zu unterstützen und Ressourcen bereitzustellen für diejenigen, die wirklich in der Verantwortung bei den Kindern stehen: die Lehrenden und Eltern. Die Bevormundung muss aufhören und dafür müssen Autonomie und Selbstverantwortung – wie in den skandinavischen Ländern – in den Schulen Einzug halten, damit sich die Bereitschaft zu Erneuerung und Eigenverantwortung bei den Lehrpersonen und Eltern einstellen und durchsetzen kann.

Etwa die Hälfte der *Lehrer* findet ihren Beruf attraktiv und hat Freude am Umgang mit Kindern und Jugendlichen (Allensbach 2012). Ihr Sozialprestige ist nach wie vor hoch, die Lehrer selbst beklagen sich aber über mangelnde Anerkennung. Fehlende Lernmotivation und Disziplin bei den Schülern, schwieriger Umgang mit den Eltern und zu große Klassen machen ihnen vor allem in Haupt- und Realschulen zu schaffen. Dagegen schätzen sie die Sicherheit der Anstellung und die Vereinbarkeit von Beruf und Familie.

Die *Wirtschaft* hat im Verlauf des 20. Jahrhunderts einen tief greifenden Strukturwandel durchgemacht, der sich auch in den nächsten Jahrzehnten fortsetzen wird (Abbildung 2). Der Anteil der Beschäftigten in der Landwirtschaft sank von fast 60 auf unter fünf Prozent. Der industrielle Sektor verblieb bis in die 1970er-Jahre bei rund 50 Prozent und ist seither unter 30 Prozent gesunken. Im gleichen Zeitraum hat der Dienstleistungssektor auf rund 70 Prozent zugenommen. Deutschland, Österreich und die Schweiz sind moderne Dienstleistungs- und Wissensgesellschaften geworden.

Das Bildungssystem hechelt dem technologischen und wirtschaftlichen Fortschritt hinterher. Mit der Entwicklung im IT-Bereich der letzten 20 Jahre sind die Anforde-

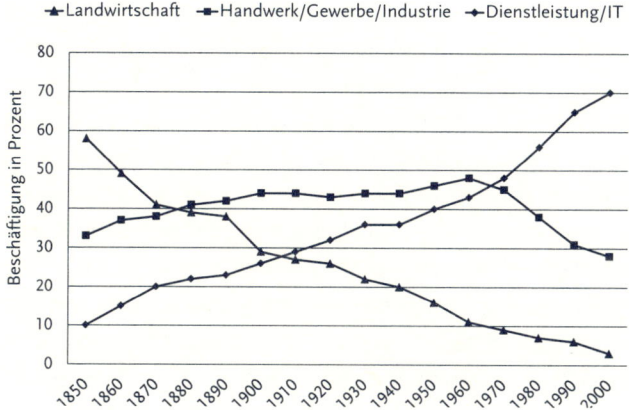

—▲—Landwirtschaft —■—Handwerk/Gewerbe/Industrie —◆—Dienstleistung/IT

Abbildung 2: Entwicklung der Erwerbstätigkeit in den drei großen Wirtschaftssektoren von 1850 bis 2000. Der Anteil der Beschäftigten an der Schweizer Gesamtwirtschaft wird in Prozent angegeben. In Deutschland und Österreich verlief die Entwicklung der Erwerbstätigkeit im Wesentlichen gleich.

rungen erheblich gestiegen, welche von der Wirtschaft an Berufseinsteiger gestellt werden. So ist in der Automobilbranche aus dem Mechaniker ein Elektroniker geworden. Die Betriebe beklagen sich, immer mehr Jugendliche würden nicht über die notwendigen schulischen Voraussetzungen verfügen. Die Schule hat Mühe, die Schüler auf die zukünftigen Herausforderungen in Gesellschaft und Wirtschaft vorzubereiten.

Wenn Kinder in der Grundschule lernen, von Hand zu schreiben, ist dagegen nichts einzuwenden. Wozu aber soll die Schreibschrift noch gut sein? Wenn die Jugendlichen die Schule verlassen, reicht das »Adler«-System auf der

Tastatur eines PC als Eintrittskarte für Berufslehre und Studium jedoch bei Weitem nicht aus. So sollten alle Schulabgänger mit dem Zehnfingersystem eigentlich bestens vertraut sein, denn niemand schreibt in der Wirtschaft noch von Hand. Darüber hinaus sollte die Fähigkeit, Texte zu gestalten, Power-Point-Präsentationen zu erstellen und vorzuführen genauso zur Ausrüstung von Schulabgängern gehören wie Kenntnisse über häufig verwendete PC-Programme, das sorgfältige und kritische Recherchieren im Internet oder der gewissenhafte Umgang mit den eigenen persönlichen Daten. Dabei sind nicht die Kinder die größte Schwachstelle in einer zukunftsorientierten Bildungsstrategie, sondern die Erwachsenen mit ihren beschränkten Kompetenzen. Eltern und Lehrer müssen sich weiterbilden, wenn sie nicht mehr ein Hemmschuh für die Entwicklung der Kinder sein wollen.

Diffuse Globalisierungsängste haben weite Kreise der Bevölkerung und insbesondere die *Eltern* erfasst. Das Bewusstsein greift immer mehr um sich, dass wir in Europa möglicherweise den Gipfel des Wohlstands erreicht haben, nachdem es seit dem Ende des Zweiten Weltkriegs wirtschaftlich ständig aufwärtsgegangen ist. Von nun an könnte es wieder abwärtsgehen. Eine Mehrheit der Bevölkerung befürchtet, dass die sozialen Unterschiede und die soziale Isolation zukünftig zunehmen werden sowie die Sicherheit und die Kalkulierbarkeit der eigenen Biografie abnehmen könnte (Allensbach 2006). Vor 20 Jahren wähnte man sich noch in der Gewissheit, mit einer soliden Ausbildung und gutem Arbeitseinsatz werde einem die internationale Konkurrenz auf dem Arbeitsmarkt nichts anhaben können.

Lange Zeit fühlte man sich mit einem Abitur und erst recht mit einem Hochschulstudium auf der sicheren Seite des Lebens – und zwar für immer. Abitur und ein Hochschuldiplom sind immer noch dienlich, aber eine Garantie auf einen guten Job sind sie nicht mehr. Man kann sich auch nicht mehr wie früher im Alter von 20 bis 30 Jahren in einem Beruf für den Rest des Lebens einrichten, sondern muss sich unter Umständen – so verlangt es die Wirtschaft – selbst im Alter von 40 oder 50 Jahren beruflich neu orientieren. Der häufig benutzte Begriff des lebenslangen Lernens macht vermutlich den Menschen mehr Angst, als dass er ihr Interesse weckt. Wer ging schon so gern in die Schule, dass er die Vorstellung des lebenslangen Lernens als anregend und nicht vor allem als anstrengend empfinden würde? Es ist offensichtlich, dass die Eltern den auf ihnen lastenden existenziellen Druck an die Kinder weitergeben.

Die Konsequenzen, die sich aus den gesellschaftlichen, kulturellen und wirtschaftlichen Umwälzungen ergeben, zu akzeptieren und sie im Bildungswesen wirksam umzusetzen stellt uns vor große Herausforderungen. Als Eltern, Lehrer und Politiker sollten wir immer wieder selbstkritisch prüfen, ob wir nicht unsere eigenen Interessen über diejenigen der Kinder stellen. Es darf doch nicht sein, dass wir an Veraltetem festhalten, weil es uns lieb und teuer ist, und Neues verhindern, weil es uns Angst macht und eigene Anstrengungen abverlangt. So verbauen wir den Kindern die Zukunft.

Eine große Schwierigkeit für jeden Reformprozess besteht darin, dass niemand voraussehen kann, in was für einer Welt die Kinder in 20 Jahren leben werden. Die Bedeutung, welche die Informationstechnologie heute in Gesellschaft und Wirtschaft einnimmt, war selbst vor zehn Jahren erst in vagen Umrissen erkennbar. Wir sollten uns daher vor überstürzten Reformen hüten. Anpassungen hingegen, die sich am Kind und seiner Entwicklung orientieren, können nicht falsch sein. Darauf sollten wir unser Augenmerk richten. In diesem Buch wollen wir versuchen, auf die folgenden vier Fragen Antworten zu finden:

- Welche Faktoren bestimmen den Lernerfolg?
- Was trägt das Kind, was die Schule zum Lernerfolg bei?
- Worin besteht kindgerechtes, nachhaltiges Lernen?
- Wie gewährleistet die Gesellschaft Chancengerechtigkeit und Durchlässigkeit?

Welche Faktoren bestimmen den Lernerfolg?

John Hattie, Bildungsforscher aus Neuseeland, Professor an der Universität von Melbourne, und seine Mitarbeiter haben während anderthalb Jahrzehnten eine monumentale Arbeit geleistet, um herauszufinden, welche Faktoren den Lernerfolg bestimmen (Hattie 2009, 2013). Sie haben englischsprachige Studien weltweit, die sich mit schulischem Lernerfolg befassen, zu einer außerordentlichen Metaanalyse der empirischen Unterrichtsforschung zusammengeführt. Sie werteten 800 Metaanalysen dafür aus, die insgesamt 50.000 Studien mit 250 Millionen Schülern umfassten. 138 Faktoren wurden in die Datenauswertung miteinbezogen.

Die Studie ist in ihren Dimensionen überwältigend. Sie weist dennoch eine Reihe von Unschärfen auf. So stammen die eingeschlossenen Studien aus Ländern mit unterschiedlichen Bildungseinrichtungen. Sie wurden in einem großen Zeitraum von mehr als 20 Jahren durchgeführt. Sie sind bezüglich Fragestellungen, Methodik und statistischer Auswertung von unterschiedlicher Qualität. Sie umfassen alle Bildungsstufen – vom Kindergarten bis zur

Universität. Zwischen den Einflussfaktoren bestehen große Überlappungen; ihr Zusammenwirken konnte aber nicht analysiert werden. Lernziele aus ethischen, musischen und sozialen Bereichen wurden in den Ergebnissen nicht berücksichtigt. Es ging den Bildungswissenschaftlern ausschließlich um messbare kognitive Fachleistungen. Eine letzte Einschränkung: Manche Faktoren, wie etwa die Klassengröße, die sich als unbedeutend herausstellte, wiesen eine zu geringe Streuung auf (z. B. bestanden die meisten Klassen aus 15 bis 25 Kindern), um statistisch relevante Unterschiede hervorzubringen. Ein solcher Befund schließt daher nicht aus, dass sich eine erhebliche Abweichung der Klassengröße (z. B. mehr als 25 Kinder in einer Klasse) negativ auf den Lernerfolg auswirken kann. Wenn sich die Lehrpersonen in Deutschland über zu große Klassen beklagen (Allensbach 2012), sind diese Bedenken also durchaus ernst zu nehmen.

Unter den 138 untersuchten Faktoren gibt es welche, die für den Lernerfolg sehr bedeutungsvoll sind, andere haben einen mäßigen Einfluss, und nicht wenige sind wirkungslos oder gar nachteilig für den Lernerfolg. Die Verführung, sich diejenigen Faktoren herauszusuchen, welche einerseits eigene Anschauungen untermauern und andererseits andere Vorstellungen diskreditieren, ist groß. So finden sich immer Faktoren, welche dazu verwendet werden können, für oder gegen die Reformpädagogik zu argumentieren. Die Hattie-Studie belegt einmal mehr, dass Empirie allein weder für Einsicht und schon gar nicht für Handeln ausreichend ist. Idealerweise müssten möglichst alle erhobenen Faktoren in ein kohärentes pädagogisches

Konzept eingefügt werden. Einen Versuch dazu haben Hattie und seine Mitarbeiter in »Visible Learning for Teachers. Maximizing impact on Learning« unternommen (Hattie 2012).

Faktoren ohne Einfluss*

Noten (frequency/effect of testing)

Hausaufgaben (homework)

Klassengröße (class size)

individualisierter Unterricht (individualised instruction)

leistungshomogene Klassenbildung (ability grouping)

jahrgangsübergreifende Klassen (multi-grade/multi-age classes)

Faktoren mit positivem Einfluss

Respektierung des Schülers als Person und Lernenden (self report grade, feedback)

Lehrer-Schüler-Beziehung (teacher student relation)

Qualität des Unterrichts (reciprocal teaching, micro-teaching, teaching strategies)

echtes Verstehen statt Verabreichens von »Stoffwissen« (deep vs. superficial learning)

Einschätzung des Lehrers durch Schüler (providing formative evaluations to teacher)

* Faktoren mit positivem, negativem und fehlendem Einfluss (Hattie 2013)

Faktoren mit negativem Einfluss

Schulwechsel (mobility)

Sitzenbleiben (retention)

Fernsehen (television)

Trotz all dieser Vorbehalte weist die Hattie-Studie große Stärken auf. Es ist ein überzeugender Versuch, möglichst alle wesentlichen Einflussfaktoren zu erfassen, die den Lernerfolg mitbestimmen. Die Ergebnisse sind brisant, weil sie in manchen Ländern quer zu den bildungspolitischen Debatten stehen.

Die folgenden, häufig diskutierten Faktoren tragen nach Hattie (2009) in unterschiedlichem Ausmaß zum Lernerfolg bei (Abbildung 3):

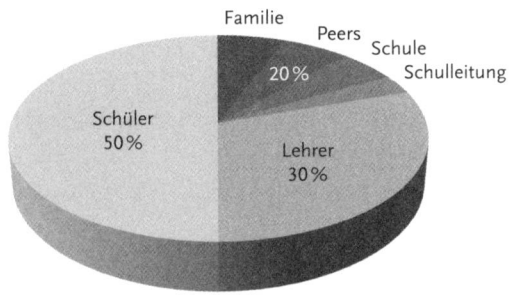

Abbildung 3: Die wichtigsten Einflussfaktoren für den Lernerfolg. Die Zahlen geben den prozentualen Anteil an der Varianz wieder (Hattie et al. 2009).

Familie

Der sozio-ökonomische Status, definiert durch den Bildungs- und Berufsstand der Eltern, und das häusliche Anregungsniveau sind einflussreiche Faktoren. Die Eltern tragen mit ihren Erwartungen und ihrer Unterstützung für das Kind wesentlich zum Schulerfolg bei. Ein weiterer wichtiger Faktor ist die frühkindliche Förderung, also der Besuch von Spielgruppen und Kitas im Vorschulalter. Heckman und Mitarbeiter (2006, 2010) für die USA sowie Fritschi und Oesch (2008) für Deutschland haben aufgezeigt, wie einflussreich Entwicklungserfahrungen in den ersten fünf Lebensjahren für den späteren Schulverlauf wie auch für die berufliche und soziale Integration im Erwachsenenalter sein können (kritische Würdigung durch Schlotter und Wößmann 2010).

Peers

Die Qualität der Beziehungen unter den Gleichaltrigen spielt mit zunehmenden Alter, insbesondere aber in der Pubertät, eine bedeutsame Rolle. Eine gute Beziehungsqualität unter den Schülern erhöht den Lernerfolg. Negative Faktoren wie Gewalt, Mobbing und Suchtverhalten verschiedenster Art, welche die öffentliche Diskussion dominieren, können für einzelne Schüler von großer Bedeutung sein, bestimmen aber nicht den Lernerfolg der gesamten Schülerschaft.

Rahmenbedingungen der Schule

Faktoren wie die Größe und Organisation der Schule und Schulklassen sowie die finanzielle Ausstattung der Schulen haben in Ländern mit einem mindestens durchschnittlich entwickelten Bildungswesen nur wenig Einfluss auf den Wissensgewinn der Schüler. So war der Wirkungsgrad der Klassengröße lediglich auf Rang 106 (von 138 Faktoren) zu finden.

Leitung und Struktur der Schule

Ebenfalls nur geringen Einfluss haben Faktoren wie öffentliche versus private Schulen, Organisation der Schulleitung oder jahrgangsübergreifende Klassen. Sitzenbleiben wirkt sich längerfristig negativ auf den Lernerfolg aus. Eine Bildungspolitik, die sich darauf beschränkt, organisatorische und strukturelle Elemente in den Schulen zu verbessern, trägt nur noch wenig zum Schulerfolg bei.

Lehrer

Die Lehrer bestimmen 30 Prozent des Lernerfolgs bei ihren Schülern. Sie sind also bedeutungsvoller als die vier oben genannten Faktoren zusammen. In den Studien, die Hattie untersucht hat, fanden sich die wesentlichen Unterschiede nicht zwischen den Schulen, sondern zwischen den Klassen, sprich zwischen den Lehrern. Die Lernfortschritte der Schüler konnten je nach Lehrer bis zu einer Klassenstufe auseinanderklaffen.

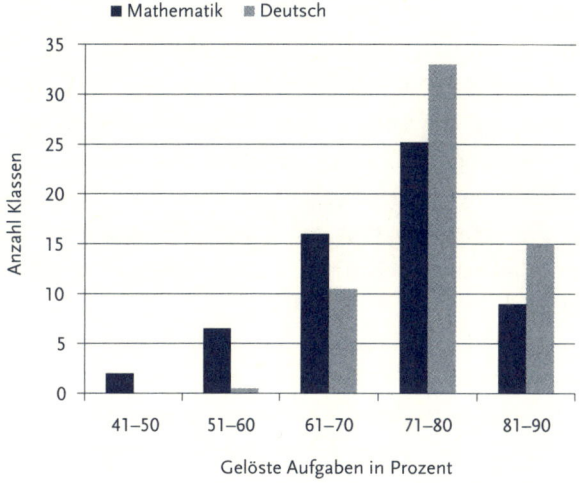

Abbildung 4: Leistungsunterschiede zwischen Schulklassen der 3. Primarstufe in der Schweiz. Der Mittelwert der richtig gelösten Aufgaben in Deutsch und Mathematik bei 61 Schulklassen wird in Prozent angegeben (z. B. 50 %: Die Hälfte der Aufgaben wurden richtig gelöst) (modifiziert nach Moser und Tresch 2003).

Moser und Tresch (2003) haben in der Schweiz die folgenden Leistungsunterschiede zwischen Schulklassen der 3. Primarstufe erhoben (Abbildung 4). In den besten Klassen lösen die Schüler doppelt so viele Aufgaben in Deutsch und auch Mathematik richtig wie in den schwächsten Klassen. Diese Unterschiede können auf die Herkunft der Kinder, ihre kognitiven Fähigkeiten und die Erstsprache zurückgeführt werden, vor allem aber auf die Qualität und die pädagogischen Konzepte der Lehrer. Motivierten und kompetenten Lehrern gelingt es, auch Klassen, deren Schüler ungünstige Lernvoraussetzungen mitbringen, zu guten Leistungen zu führen (Moser und Tresch 2003). Wie bedeutsam die Qualität des Lehrers ist, zeigt auch ein Experiment in Schweden. Lehrer mit einer hohen pädagogischen Befähigung übernahmen Schulklassen, deren Schüler sich weitgehend aufgegeben hatten. Nach einem Jahr war die Lernmotivation der Schüler zurückgekehrt, und ihre schulischen Leistungen hatten sich stark verbessert (Kucklick 2011).

Auf den Lehrer kommt es also an. Unzureichende Lernfortschritte kann ein Lehrer nicht einfach mit fehlendem Fleiß, unzureichenden Kompetenzen bei den Schülern oder fehlender Unterstützung durch das Elternhaus begründen und entschuldigen. Er ist dafür verantwortlich, was und wie die Schüler lernen. Die Aufgabe des Lehrers ist es nach Hattie (2009), nicht nur die Klasse, sondern jeden einzelnen Schüler im Blick zu haben. Ein guter Unterricht besteht für Hattie darin, dass möglichst jeder Schüler versteht, was der Lehrer will und was der Inhalt der Schulstunde ist. Nur so bleiben alle Schüler motiviert. Der Lehrer muss sich versichern, ob die Schüler verstanden haben, worum es geht. Dafür überprüft er regelmäßig den Lernstand jedes Schülers. Hattie schreibt: »Ein guter Lehrer sieht den eigenen Unterricht mit den Augen seiner Schüler.« Ein solcher, auf den individuellen Schüler orientierter Unterricht ist weit mehr als eine durchstrukturierte und disziplinierte Schulstunde mit fachlich fundiertem Inhalt.

Eine verlässliche Beurteilung der Lehrperson halten in Deutschland nur 43 Prozent der Lehrer, aber 59 Prozent der Eltern für machbar. 51 Prozent der Lehrer halten eine Einschätzung des Unterrichts durch die Schüler für keine gute Idee (Allensbach 2012).

Großen Wert legt Hattie auf »Feedbacks«. Die Schüler sollen ihre Fähigkeiten und ihre Kenntnisse selbst einschätzen. Sie sollen regelmäßig vom Lehrer befragt werden, wie sie den Unterricht erlebt haben. Dabei geht es nicht um Lob oder Kritik, sondern um objektive Rückmeldungen: Was habe ich als Schüler verstanden? Wo fühle ich mich vom Lehrer nicht abgeholt? Diese Art des Feedbacks erhielt im Ranking aller 138 Faktoren den höchsten Wert. Das Erfassen des individuellen Entwicklungsstandes und die Unterstützung von Entwicklungsfortschritten sowie das Fördern von Erfolgserlebnissen und Selbstwirksamkeit führen zu echtem und nachhaltigem Verstehen und nicht das alleinige Verabreichen von »Stoffwissen«.

Dem Methodenstreit – Frontalunterricht versus individualisierter Unterricht bzw. eigenständiges Lernen – vermag Hattie nichts abzugewinnen. Frontalunterricht könne durchaus erfolgreich sein, nämlich dann, wenn die Lehrperson möglichst wenig rede und vor allem die Schüler zu Wort kommen lasse. Offener Unterricht sei dann sinnvoll, wenn die Schüler zu eigenständigem Lernen erzogen würden und der Lehrer den Unterricht gründlich vorbereite und begleite. Ein guter Lehrer verfügt nach Hattie über ein breites Repertoire von Unterrichtsstilen. Fazit: Die Lehrer sind für den Lernerfolg enorm wichtig. Der pädagogischen

Befähigung sollte daher bei der Auswahl und Ausbildung der Lehrer sowie in der Fortbildung höchste Priorität eingeräumt werden. 50 Prozent der jungen Lehrer in Deutschland schätzen ihre Ausbildung als ungenügend ein (Allensbach 2012). Wie die Unterrichtsqualität verbessert werden kann, haben Helmke und seine Mitarbeiterinnen (2013) mit ihren evidenzbasierten Methoden der Unterrichtsdiagnostik (EMU) aufgezeigt.

Wie wichtig das emotionale Klima, oft immer noch als Kuschelpädagogik verunglimpft, für den Lernerfolg ist, haben bereits frühere Studien nachgewiesen (Rutter 1980, Vuille el al. 2004). Größten Wert legt auch Hattie auf die Lehrer-Schüler-Beziehung. Respekt und Wertschätzung, Hilfsbereitschaft und Vertrauen sind Grundvoraussetzungen für einen guten Unterricht.

Schüler

Die Schüler tragen 50 Prozent der Varianz des Lernerfolges bei. Das heißt, die Schüler sind genauso bedeutsam für den Lernerfolg wie alle anderen Faktoren zusammen. Was aber macht den Faktor »Schüler« eigentlich aus? Er besteht hauptsächlich in den Kompetenzunterschieden zwischen den Schülern. Der Korrelationskoeffizient zwischen Lernerfolg und Intelligenzquotient, ein Maß für die individuelle Ausbildung der kognitiven Kompetenzen, beträgt 0.5 bis 0.7, was einem Varianzanteil von 25 bis 50 Prozent entspricht (Jensen 1980, Schweizer 2006).

Wie unterschiedlich sich die Kompetenzen im Verlaufe der Schulzeit entwickeln, zeigt Abbildung 5 beispielhaft anhand der Lesekompetenz. Eldar zeigt eine durchschnittliche Entwicklung, er beginnt sich für Buchstaben mit sechs bis sieben Jahren zu interessieren. Mit 16 Jahren ist seine Lesekompetenz durchschnittlich ausgebildet. Lars fängt bereits mit drei bis vier Jahren an zu lesen. Er verfügt mit 16 Jahren über eine Lesekompetenz, die deutlich höher ausfällt als diejenige Eldars. Patrick schließlich begreift das Lesen nicht vor dem zehnten Lebensjahr, seine Lesekompetenz bleibt auch mit 16 Jahren niedrig.

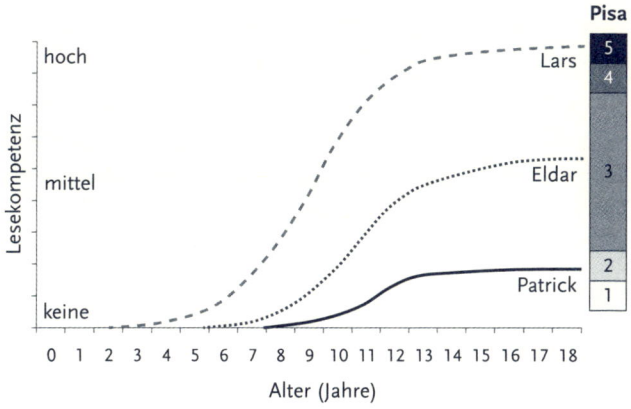

Abbildung 5: Entwicklung der Lesekompetenz bei drei Jungen. Säule: Lesekompetenz im Alter von 15 Jahren. 1 entspricht einer sehr niedrigen, 3 einer mittleren und 5 einer sehr hohen Lesekompetenz (PISA-Studie 2006).

Die PISA-Studien der letzten zwölf Jahre zeigen für Deutschland, Österreich und die Schweiz im Wesentlichen immer die gleichen Ergebnisse (PISA OECD). Die Unterschiede in der Lesekompetenz werden, obwohl die Schüler mindestens vier bis sechs Jahre auf die gleiche Weise und mit den gleichen Lehrinhalten unterrichtet werden, im Verlaufe der Jahre immer größer. So weisen 15 bis 20 Prozent der 15-jährigen Schüler eine Lesekompetenz auf, die nicht der durchschnittlichen Leistung von Mittel- und Oberstufenschülern, sondern lediglich derjenigen von Viert- bis Fünftklässlern entspricht. Am Ende ihrer Schulzeit haben diese Jugendlichen die vom Bildungssystem vorgeschriebenen Lernziele eindeutig nicht erreicht.

Für die großen Unterschiede zwischen den Schülern sind Einflüsse verantwortlich, die deutlich stärker sind als alle gleichmacherischen Bemühungen der Schule: unterschiedliche Anlagen und Lernerfahrungen bei gleichen Lehrplänen und unterschiedliche außerschulische, vor allem vorschulische Erfahrungen.

Wie stark sich die Lebensbedingungen der Kinder und die Qualität des Bildungssystems auf den Leistungserfolg auswirken, zeigt Abbildung 6. Sie gibt die Lesekompetenz bei 15-jährigen Schülern in fünf Ländern wieder (PISA-Studie 2006).

Vergleicht man die Mittelwerte (dicke Striche), stellt man fest: Schüler in Finnland erbringen eine bessere mittlere Leistung als Schüler in der Schweiz, in Deutschland und

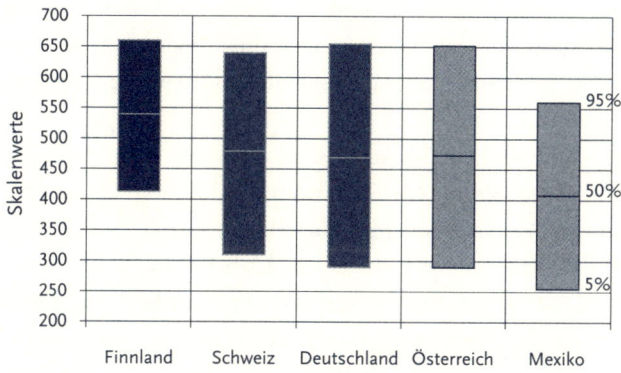

Abbildung 6: Lesekompetenz im Alter von 15 Jahren in Finnland, Deutschland, Mexiko, Österreich und der Schweiz. 50 % bezeichnet den Mittelwert; je 5 % der Jugendlichen liegen über 95 % bzw. unter 5 % (PISA-Studie 2006).

Österreich sowie eine deutlich bessere als Schüler in Mexiko. Besonders beachtenswert ist jedoch die Ausdehnung der Balken. Finnland weist den kürzesten Balken auf, das heißt, es verfügt über mehr Schüler, die sehr gut lesen können, und über weniger Schüler mit einer sehr niedrigen Lesekompetenz. Die Balken für Deutschland, Österreich und die Schweiz sind erheblich länger. In allen drei Ländern gibt es Schüler, die sehr gut lesen können. Der Anteil von Schülern mit einer sehr niedrigen Lesekompetenz ist jedoch deutlich größer als in Finnland. Aus der Abbildung lassen sich die folgenden Schlussfolgerungen ableiten:

- Je besser das schulische Angebot, desto höher ist die mittlere Lesekompetenz und umso mehr gute Schüler gibt es (Finnland > Deutschland > Österreich > Schweiz > Mexiko).

- Je schlechter das schulische Angebot, desto niedriger ist die mittlere Lesekompetenz und desto mehr Schüler können kaum oder gar nicht lesen.

- Selbst Finnland gelingt es nicht, bei allen Schülern eine gute bis hohe Lesekompetenz zu erreichen. Auch dort verfügt eine Gruppe von Schülern nur über eine geringe oder gar fehlende Lesekompetenz. Die Streubreite variiert also auch in Finnland zwischen sehr hoher bis fehlender Lesekompetenz. Selbst in einem qualitativ sehr guten Bildungssystem wie dem finnischen, welches das Entwicklungspotenzial der Bevölkerung wahrscheinlich weitgehend ausschöpft, bleibt eine große interindividuelle Variabilität der Lesekompetenz bestehen.

Weitere Ergebnisse mit vergleichbar großer Vielfalt wurden im Rahmen der PISA-Studien auch für andere Kompetenzen wie mathematisches Denken, Problemlösungsverhalten und naturwissenschaftliches Denken erhoben (PISA OECD).

Die Umwelt erklärt also je nach Bildungsstand der Bevölkerung einen unterschiedlich großen Anteil der Vielfalt unter den Kindern. Dieser von der Umwelt abhängige Anteil ist umso größer, je schlechter die Entwicklungsbedingungen sind. So wirken sich die ungünstigen Konstellationen in bildungsfernen Familien, die häufig als Heterogenität sozialer, kultureller und religiöser Faktoren bezeichnet werden, besonders nachteilig auf die Schulkarriere der betroffenen Kinder aus. Doch selbst wenn alle Kinder unter gleichen sozialen, kulturellen und religiösen Bedingungen aufwachsen, entwickeln sie sich immer noch sehr verschieden, weil ihre individuellen Veranlagungen unterschiedlich sind. Bei einem bildungsnahen Hintergrund wird das Entwicklungspotenzial weitgehend ausgeschöpft, und der Einfluss der Umwelt an der Vielfalt ist dann nur noch marginal. Der Ursache der Vielfalt bei diesen Kindern liegt in ihnen selbst. So sind Eltern immer wieder erstaunt, wie verschieden sich Geschwister und selbst Zwillinge bei gleicher Erziehung entwickeln können.

Seit hundert Jahren versucht man, mit früher Selektion und einem mehrgliedrigen Schulsystem der Vielfalt unter den Schülern »gerecht« zu werden, – was jedoch bisher nie gelungen ist und auch nie gelingen kann. Abbildung 7 zeigt, wie stark sich die Leistungen der Schüler im neunten Schuljahr in einer dreigliedrigen Sekundarstufe I überlappen.

Ein wesentlicher Faktor dabei ist, dass nicht nur die Variabilität zwischen den Schülern, sondern auch beim einzelnen Schüler selbst groß ist (intraindividuelle Variabilität). Während gewisse Schüler in Deutsch weit bessere Leistungen erbringen als in Mathematik, ist es bei anderen Schülern genau umgekehrt. Die unterschiedliche Ausprägung der Kompetenzen beim einzelnen Schüler führt dazu, dass er je nach Fachbereich ins Gymnasium, in die Real-

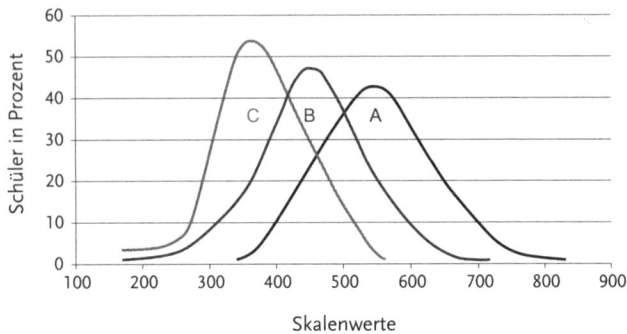

Abbildung 7: Schriftliche Sprachkompetenz im neunten Schuljahr in dreiteiliger Oberstufe (Schweiz: A: Gymnasium; B: Sekundarschule; C: Realschule; Gesamtzahl der Schüler: 1.122). Die Schüler hatten einen Aufsatz zu schreiben. Je höher der Skalenwert, desto größer wurde die Textkompetenz eingeschätzt. Beachte die großen Überlappungen zwischen den drei Schultypen (Moser 2008).

schule oder in die Hauptschule (Deutschland) gehören würde. So verfügen mindestens zehn Prozent der Hauptschüler über Kompetenzen, die sie für das Gymnasium befähigen würden. Die grundsätzliche Ungerechtigkeit mehrgliedriger Schulen besteht darin, dass die Schüler in Real- und Hauptschule (Deutschland) nicht die gleichen Lernerfahrungen machen können und damit bleibend benachteiligt werden.

Die Vielfalt unter den Schülern ist und bleibt die eigentliche Herausforderung für die Lehrpersonen. Die Eigenschaften, die – unabhängig vom Schulsystem – den guten Lehrer ausmachen, bestehen in einem hohen Maße darin, in wie weit er auf den individuellen Entwicklungstand des Schülers eingehen, den Schüler motivieren und beim Lernen unterstützen kann.

Was trägt das Kind, was die Schule zum Lernerfolg bei?

Unsere Haltung dem Kind gegenüber ist eine andere, wenn wir davon ausgehen, dass die Lesekompetenz bei jedem Kind unterschiedlich angelegt ist und verschieden rasch heranreift, oder aber annehmen, dass jedes Kind mit sieben Jahren lesen kann und die Entwicklung der Lesefähigkeit durch frühes und intensives Üben zusätzlich beschleunigt werden kann. Es ist daher wichtig, zu wissen, was das Kind als Anlage mitbringt und was die Umwelt zu seiner Entwicklung beiträgt. Denn diese Vorstellungen bestimmen, wie wir mit dem Kind umgehen und welche Rolle wir uns als Eltern und Lehrer dabei zuschreiben.

Welche Bedeutung der Anlage und der Umwelt in der kindlichen Entwicklung zukommt, können wir am besten am Beispiel der körperlichen Entwicklung verstehen. Die Anlage stattet das Kind mit einem individuellen Wachstumspotenzial aus. Sein Potenzial kann das Kind dann realisieren, wenn die Lebensbedingungen dies auch ermöglichen, das heißt, wenn es ausreichend ernährt wird, unter guten hygienischen Bedingungen aufwächst und nie ernsthaft über längere Zeit krank ist. Diese Bedingungen sind für die meisten Kinder in Europa heute gegeben. Früher sah das anders aus. Noch im 19. Jahrhundert und in der ersten Hälfte des 20. Jahrhunderts litt die Bevölkerung unter Hungersnöten; ihre Gesundheit war durch schwere Infektionskrankheiten wie Tuberkulose beeinträchtigt. Aufgrund dieser schlechten Lebensbedingungen waren die Menschen um 1860 im Mittel 13 Zentimeter kleiner als heute (Abbildung 8). Durch die stete Verbesserung der Lebensbedingungen wurden sie von Generation zu Generation größer. Die Zunahme der Körpergröße vollzog sich dabei in den besser gestellten sozialen Schichten rascher als in den benachteiligten Gruppen. Sie hat aber in den letzten 30 Jahren alle sozialen Schichten erreicht. Diese Entwicklung, der sogenannte säkulare Trend (Van Wieringen 1986), ist bei uns mehrheitlich zum Abschluss gekommen.

Unsere Kinder können ihr individuelles Wachstumspotenzial weitgehend verwirklichen und sind dennoch als Erwachsene sehr unterschiedlich groß. Die Unterschiede in der Körpergröße, die wir heute in der Bevölkerung feststellen, sind weitgehend durch die individuell unterschiedlichen Anlagen bedingt. Kein Mensch kann über seine durch das Wachstumspotenzial vorbestimmte Erwachsenengröße hinauswachsen. Etwas flapsig ausgedrückt: Wenn wir ein Kind ungenügend ernähren, wird es kleiner. Wenn wir dem Kind mehr Nahrung zuführen, als es benötigt, wird es nicht größer, sondern nur übergewichtig.

Eine Art säkularer Trend wie der für die Körpergröße wurde auch für den Intelligenzquotienten beobachtet. Der neuseeländische Politologe James R. Flynn wies in den

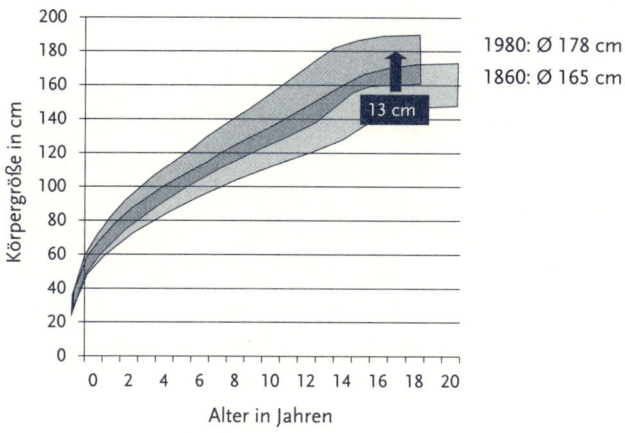

Abbildung 8: Säkularer Trend der männlichen Körpergröße zwischen 1850 und 1980 in der Schweiz. In dieser Zeitperiode nahm die durchschnittliche Körpergröße von 165 auf 178 cm zu.

Gesellschaften der hoch industrialisierten Länder eine mittlere Zunahme von drei IQ-Punkten pro Jahrzehnt bis in die 1990er-Jahre nach (Flynn 1984). In den Niederlanden betrug die Zunahme zwischen 1952 und 1982 sogar sieben IQ-Punkte pro Dekade. Dieser sogenannte Flynn-Effekt wird auf verschiedene Ursachen zurückgeführt: verbesserte Ernährung und medizinische Versorgung, weniger Kinder in einer Familie und dadurch größere Aufmerksamkeit für das einzelne Kind und seine Bedürfnisse sowie Zunahme der visuellen Medienerfahrung. Für Letzteres spricht, dass der Anstieg des IQ vor allem den erhöhten figural-räumlichen Fähigkeiten zuzuschreiben ist. Ein sehr wichtiger Faktor war der Fortschritt im Schulwesen, der bis dahin benachteiligten Kindern eine bessere Bildung ermöglichte. So war bei Kindern mit hohem IQ in den letzten 20 Jahren kein Flynn-Effekt mehr nachzuweisen, sehr wohl aber bei Kindern mit einem niedrigeren IQ, was wiederum den durchschnittlichen IQ der ganzen Bevölkerung angehoben hat (Kanaya et al. 2003). Trendmeldungen zeigen, dass die Zunahme des IQ, vor allem in der Ober- und Mittelschicht, sich im Verlauf der 1990er-Jahre abgeschwächt hat, zumindest in Dänemark, Deutschland, Frankreich, Großbritannien, Österreich und der Schweiz (Teasdale und Owen 2005).

Gelten die Schlussfolgerungen, die wir bezüglich des Wachstums gezogen haben, allgemein? Demzufolge auch für andere Entwicklungsbereiche wie Kognition oder Sprache? Meiner Ansicht nach trifft dies zu. Die Anlage schafft die Voraussetzungen für die Entwicklung von Fähigkeiten und legt aber auch deren individuelles Optimum fest, das ein Kind erreichen kann. Die Umweltbedingungen bestimmen, wie viel das Kind von seiner Anlage realisieren kann. Die individuellen Fähigkeiten werden also durch die Anlage begrenzt und können auch unter optimalen Bedingungen nicht über die Anlage hinaus gesteigert werden. Das heißt: Wenn wir ein Kind vernachlässigen, entwickelt es sich weniger. Wenn wir das Kind überfordern, wird es nicht klüger, wohl aber demotiviert.

Chancengerechtigkeit – im Sinne von gleich guten Entwicklungsbedingungen für alle Kinder – wird also auch unter optimalen Voraussetzungen nicht zu einer gleichen Ausprägung der Kompetenzen bei allen Kindern führen.

Dennoch ist das Kind ein von der Umwelt extrem abhängiges Wesen: Wenn ihm seine Umwelt die notwendigen Erfahrungen vorenthält, kann es sich nicht seiner Anlage entsprechend entwickeln. Mit Chancengerechtigkeit soll daher jedes Kind die Möglichkeit bekommen, sein individuelles Entwicklungspotenzial zu verwirklichen. Je besser die sozioökonomischen Lebensbedingungen sind und je höher die Qualität des Bildungssystems in einer Gesellschaft ist, desto mehr Kinder können ihr Entwicklungspotenzial realisieren und desto mehr Erwachsene lassen sich sozial und beruflich in die Gesellschaft integrieren. Die Gesellschaft muss aber auch akzeptieren und sich darauf einstellen, dass selbst beim Erreichen von Chancengerechtigkeit immer noch eine große Variabilität zwischen den Schülern bestehen bleibt und im Unterricht berücksichtigt werden muss. Kein pädagogisches Konzept und keine Schule der Welt können alle Schüler auf das gleiche Leistungsniveau bringen.

Der Vielfalt unter den Schülern kann die Schule nur durch eine konsequente Individualisierung des Unterrichts gerecht werden. Jedes Kind soll seinem individuellen Entwicklungs- und Leistungsstand gemäß lernen können. Geht der Lehrer nicht auf den einzelnen Schüler ein, leidet ein erheblicher Prozentsatz der Schüler an Über- oder Unterforderung. Die Auswirkung ist eine tief greifende Demotivierung beim Lernen; Erfolgserlebnisse bleiben oftmals über Jahre hinweg aus. Damit verbunden sind unzählige Enttäuschungen und Versagensgefühle, die im Verlaufe der Schulzeit zu einem verminderten Selbstwertgefühl führen und sich bis weit ins Erwachsenenalter auswirken können.

Die PISA-Resultate zeigen es in allen Ländern, so auch in Finnland: Die individuellen Begabungen setzen sich – Lehrplan hin oder her – im Verlauf der Schulzeit immer mehr durch. Die Schule sollte sich endlich eingestehen, dass sie auch unter größten Anstrengungen und besten Rahmenbedingungen die großen Begabungsunterschiede unter den Kindern nicht eliminieren kann, auch dann nicht, wenn eine eigentliche Treibjagd mit ständigem Auswendiglernen, Prüfungen und Noten veranstaltet wird. Das Ziel der Schule muss daher sein, jedes Kind mit seinen individuellen Begabungen möglichst gut zu fördern.

Worin besteht kindgerechtes, nachhaltiges Lernen?

Wie die Untersuchungen Hatties und seines wissenschaftlichen Teams (2013) zeigen, leisten die Kinder einen entscheidenden Beitrag zum Lernerfolg. Nur: Wie machen sie das? Und wie können wir sie als Eltern und Lehrer darin unterstützen?

Wir wollen nicht auf irgendwelche Studien zurückgreifen, sondern uns an den alltäglichen Erfahrungen orientieren, die Eltern mit ihren Kindern machen. Die frühe Sprachentwicklung zeigt exemplarisch auf, worin echtes Lernen besteht. Aus den langen Lautfolgen, die das Kind zu hören bekommt, pickt es Wörter heraus und begreift ihre Bedeutung. Zwischen dem zweiten und fünften Lebensjahr eignet sich ein Kind jeden Tag durchschnittlich vier Wörter an. Der Wortschatz wächst bis zum fünften Lebensjahr auf 1.500 bis 8.000 und mehr Wörter an (Abbildung 9).

Zusätzlich macht sich das Kind mit den grammatikalischen Regeln der Wort- und Satzbildung vertraut. Es bildet mit etwa zwei Jahren Zwei-Wort-Sätze, mit drei bis vier Jahren Mehr-Wort-Sätze und kann sich im Alter von fünf Jahren in vollständigen Sätzen ausdrücken. Eltern fällt es nicht im Traum ein, ihren Kindern grammatikalische oder syntaktische Regeln beizubringen. Sie vertrauen darauf, dass sich die Kinder dieselben eigenständig erarbeiten. Sie haben recht: Kinder sind eigentliche Lerngenies. Wie sie sich Sprache aneignen, grenzt an ein Wunder.

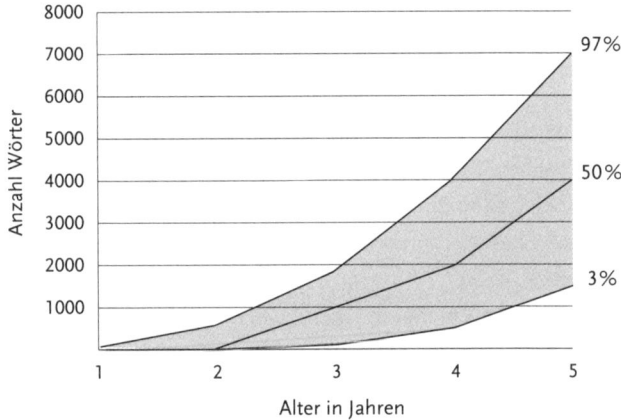

Abbildung 9: Entwicklung des Wortschatzes zwischen zwei und fünf Jahren. 50 % entsprechen dem Mittelwert; 3% der Kinder liegen über 97 % bzw. unter 3 % (Angaben aus verschiedenen Quellen).

Diese enorme Leistung, die kein Erwachsener mehr erbringen kann, ist nur möglich, weil das Kind über eine angeborene Begabung zum Spracherwerb verfügt. Diese Begabung ist eine Grundvoraussetzung für den Spracherwerb. Das Kind leitet die Regeln der Sprache – oder die Tiefenstruktur, wie es der Linguist Noam Chomsky (1967) nannte – selbstständig ab. Es eignet sich die phonologischen, syntaktischen und grammatikalischen Grundregeln der Erstsprache unbewusst an und erschließt sich mit seinen kognitiven Fähigkeiten den Sinn der Wörter (Semantik). Das Kind erfasst beispielsweise die Bedeutung der Präposition »in« zuerst in seinem Spiel. Es legt Würfel in eine Schachtel und nimmt sie wieder heraus. Es erkennt, dass ein Gegenstand in einem anderen Gegenstand sein kann. Diese räumliche Einsicht bringt es nun mit der Präposition »in« in Verbindung. Es erlebt, wie seine Mutter Milch in die Tasse gießt, Äpfel in den Korb legt und Kleider im Schrank verstaut. Es hört, wie die Mutter ihr Tun laufend kommentiert und dabei immer wieder die Präposition »in« benutzt. Schließlich begreift das Kind, was das Wort »in« bedeutet, und wendet es einige Zeit später auch selbst an.

Ganz entscheidend beim Spracherwerb ist, dass das Kind nicht nur Sprache hört, sondern die verwendeten Wörter unmittelbar mit Personen, Handlungen, Situationen, räumlichen und zeitlichen Bezügen auch erlebt. Nur so kann es einen Zusammenhang zwischen den Wörtern und ihrer inhaltlichen Bedeutung herstellen. Dem Kind solche entwicklungsspezifischen Erfahrungen zu ermöglichen ist die Aufgabe der Eltern und Lehrer.

Ohne die angelegte Begabung kann sich Sprache nicht entwickeln. Es gibt normal intelligente Kinder mit sogenannten Spracherwerbsstörungen, bei denen die Begabung nur ungenügend angelegt ist und sich verzögert entwickelt. Diese Kinder verstehen Sprache nur sehr begrenzt und können sich sprachlich oft kaum ausdrücken. Die Begabung allein reicht aber nicht aus, damit Sprache entstehen kann. Sie schafft lediglich die Voraussetzungen dafür. Das

Kind benötigt zusätzlich einen intensiven sprachlichen Austausch, nicht nur mit den Eltern, sondern auch mit anderen Bezugspersonen und vor allem mit Kindern. Es muss Sprache erleben, um ihre Inhalte zu begreifen.

Vor einigen Jahren wurde in der Schweiz Frühenglisch eingeführt (in der Primarschule zwei Lektionen Englisch pro Woche). Die Erwartungen, welche die Bildungspolitiker damit geweckt haben, wurden in keiner Weise erfüllt. Die Maßnahme stellt sich lediglich als Placebo-Medikation gegen die Globalisierungsängste der Eltern heraus. Da mal ein Wort, dort mal ein Reim oder ein Lied auf Englisch zu hören mag für Kinder unterhaltsam und anregend sein, führt jedoch nicht zum Spracherwerb. Es sind schlicht zu wenige Wochenstunden mit zumeist der falschen Methodik von ungenügend ausgebildeten Lehrpersonen. Die Erfahrungen mit dem Frühenglisch zeigen exemplarisch: Wenn die Gesetzmäßigkeiten der kindlichen Entwicklung missachtet werden, bleibt der Lernerfolg aus.

Erfolge sind dagegen in den vergangenen 30 Jahren in Kanada, Finnland und Australien mit dem sogenannten Immersionslernen erzielt worden, also dem Eintauchen in eine Fremdsprache. Dieser pädagogische Ansatz orientiert sich an den folgenden Grundsätzen:

- konsequenter Einsatz der Fremdsprache in allen Situationen des Alltags
- Jede Person spricht nur eine Sprache
- frühzeitiger Beginn (möglichst mit 3 Jahren)
- hohe Intensität (täglich über mehrere Stunden)

- lange Dauer (Kindertagesstätten- und Grundschulzeit)
- vielfältige sprachliche Erfahrungen: Begleiten von Handlungen, Herstellen von Sachzusammenhängen, Ansprechen aller Sinne, Miteinbeziehen emotionaler Elemente (Rituale etc.)

Das Immersionslernen ist deshalb so erfolgreich, weil es dem natürlichen Spracherwerb nachempfunden ist. Erfolgreich sind auch Schulen im Saarland und in Baden-Württemberg, in denen Schüler je zur Hälfte auf Deutsch und auf Französisch unterrichtet werden. Bis zur vierten Klasse sind sie fähig, sich in beiden Sprachen zu verständigen. Fremdsprachen unterrichten ist also erfolgreich, wenn die Schüler jeden Tag einige Stunden in einer Fremdsprache kommunizieren können und die Sprache in den allgemeinen Unterricht eingebettet ist.

Der Spracherwerb lehrt uns etwas Grundsätzliches, denn was für die Sprache gilt, trifft auch auf alle anderen Entwicklungsbereiche wie Motorik, Sozialverhalten oder logisches Denken zu. Damit sich Kompetenzen entwickeln können, ist einerseits eine Anlage erforderlich und andererseits muss das Kind entwicklungsspezifische Erfahrungen machen können. Die Anlagen differenzieren sich im Verlauf der Kindheit immer weiter aus und schaffen damit die Voraussetzungen für den Erwerb immer neuer Fähigkeiten. Realisiert werden die Fähigkeiten aber immer erst durch Erfahrungen, die spezifisch für einen bestimmten Entwicklungsschritt sind. So reift die motorische Hirnrinde im Lauf von neun Monaten so weit heran, dass sich der

Pinzettengriff entwickeln kann. Um sich diese hochdifferenzierte Greiffunktion anzueignen, pickt das Kind mit großem Eifer wochenlang winzige Gegenstände auf. Mit sieben Jahren sind die Hirnstrukturen, mit denen Mengen erfasst werden, so weit entwickelt, dass sich ein erstes Zahlenverständnis einstellt. Das Kind will nun Gegenstände zählen und dabei immer wieder überprüfen, ob es die Anzahl zuverlässig erfassen kann.

Sandra Scarr (1992) hat ein Modell des kindlichen Lernens vorgeschlagen, dessen Stärke darin besteht, dass es sich durch Studienresultate bestätigen lässt, im Erziehungs- und Schulalltag nachvollziehbar ist und sich unmittelbar auf die Art und Weise auswirkt, wie wir mit dem Kind umgehen. Sandra Scarr geht von den folgenden Annahmen aus:

Das lernende Kind
- ist aktiv: Es entwickelt sich aus sich heraus.
- ist selektiv: Es sucht sich diejenigen Erfahrungen, die seinem gegenwärtigen Entwicklungsstand entsprechen.
- beeinflusst mit seiner Persönlichkeit und seinem Verhalten seine soziale Umgebung, was sich wiederum darauf auswirkt, wie die Umgebung mit ihm umgeht.

Das Kind ist also kein Gefäß, das sich mit beliebigem Inhalt beziehungsweise irgendwelchen Erfahrungen füllen lässt. Vielmehr sucht es aktiv jene Erfahrungen, die es braucht, um sich zu entwickeln. Eltern und Lehrer haben nur geringen Einfluss darauf, welche Erfahrungen ein Kind verinnerlicht. Die enorm wichtige Aufgabe von

Eltern und Lehrern besteht darin, für möglichst gute Rahmenbedingungen zu sorgen, damit das Kind die Erfahrungen machen kann, die es für seine Entwicklung benötigt, und es in seinen Lernbemühungen zu unterstützen. Sie geben beispielsweise dem Kind einen Text zum Lesen, welcher seiner Kompetenz möglichst gut entspricht und einen Leseerfolg verspricht.

Die Spannung zwischen dem aktuellen Entwicklungsstand, z. B. der Lesekompetenz, und dem Bedürfnis nach Erfahrungen nehmen wir beim Kind als Lernmotivation wahr. Das Kind wiederum erlebt den Abbau der Spannung beim Lesen als sogenannte Flow-Erfahrung: Es geht vollkommen in seiner Tätigkeit auf und erlebt dabei eine tiefe Befriedigung (Csikszentmihalyi 1990). Das Kind will nicht beliebige Leseerfahrungen machen, sondern idealerweise solche, die bezüglich Wortwahl und Wortschatz, Komplexität der Satzkonstruktion sowie Inhalt seiner aktuellen Lesekompetenz entsprechen. Die Lernmotivation wird beim Kind am meisten geweckt, wenn Eltern und Lehrer ihm ein Angebot machen, das im Bereich seiner Lesekompetenz oder – noch besser – leicht darüber liegt. Je besser ein Kind lesen kann, desto weniger wichtig ist der Lesevorgang an sich und desto bedeutsamer wird die inhaltliche Aussage des Textes. Anfänglich reizt das Kind vor allem die formale Herausforderung des Lesens, dann immer mehr der Inhalt des Gelesenen.

»Erkläre mir, und ich vergesse. Zeige mir, und ich erinnere. Lass es mich tun, und ich verstehe.« Die Erkenntnis von Konfuzius beinhaltet die Quintessenz echten Lernens:

Es ist aktiv, selbstbestimmt und beruht auf eigenen Erfahrungen. Die meisten Eltern und Lehrer sind jedoch überzeugt davon, dass Lernen hauptsächlich aus hartnäckigem und andauerndem Üben besteht. Dieser weitverbreitete Glaube drückt sich auch in der Anzahl der Stunden aus, die einem Fach zugedacht sind. Die Wirksamkeit der Anzahl Schulstunden – je mehr Schulstunden, desto kompetenter werden die Schüler – ist aber eher ein viel beschworener Mythos als eine empirisch abgesicherte Tatsache. Manfred Prenzel, der vormalige Leiter der deutschen PISA-Studien, ist der Meinung, dass sich ein beträchtlicher Teil der Stunden streichen ließe, ohne dass die schulischen Leistungen abfallen würden (Prenzel 2006, 2008).

»Übung macht den Meister.« Ohne das Wiederholen, Vertiefen und Automatisieren von Lernstoff – so die Überzeugung vieler Eltern und Lehrer – gibt es kein Lernen. In einer gewissen Weise haben sie recht: Ohne Auswendiglernen kann man keine Prüfungen bestehen und gute Noten bekommen. Nur, garantieren gute Noten auch echtes Verstehen und Nachhaltigkeit?

Nachhaltigkeit zeichnet sich durch ein Verständnis aus, das auch nach Monaten, Jahren und selbst nach der Schule noch vorhanden ist. Kindgerechtes Lernen, das zu nachhaltigem Begreifen führt, wird in der Schule zu wenig gefördert. Nachhaltiges Lernen besteht darin, dass durch eigenständige Erfahrungen neues Wissen und neue Fähigkeiten mit vorhandenem Wissen und vorhandenen Fähigkeiten zusammengeführt werden. Ein echtes Verständnis stellt sich dann ein und bleibt langfristig erhalten, wenn die neuen Kenntnisse mit den bereits bestehenden durch Erfahrung vernetzt werden. Dies setzt voraus, dass das Verinnerlichen nicht durch mechanisches Üben, sondern durch das Kind selbstbestimmt und aktiv geschieht. Es muss also dort mit der Erfahrung ansetzen, wo es entwicklungsmäßig steht. Das ist die große Herausforderung für die Lehrperson, denn jedes Kind steht an einem anderen Ort. Auch eigene Lernstrategien kann sich das Kind nur in selbstbestimmtem Handeln aneignen, also welche Vorgehensweisen erfolgreich sind und welche nicht. Eine solche pädagogische Haltung bedeutet ein Abschiednehmen vom sturen Auswendiglernen, aber auch ein Verzicht auf Prüfungen und Noten als Antreiber zum Pseudolernen, weil man den Kindern nicht zutraut, dass sie von sich aus lernen wollen. Ein Unterricht, der den Kindern aufgezwungen wird, ist wenig lernwirksam. Das Lernen wird dann gefördert, wenn sich die Kinder aktiv daran beteiligen wollen und können.

Wie gewährleistet die Gesellschaft Chancengerechtigkeit und Durchlässigkeit?

In einem fairen Bildungssystem erbringen nicht alle Schüler gleich gute Leistungen und erwerben langfristig gleich hohe Kompetenzen, sondern jedes Kind kann sein individuelles Entwicklungspotenzial möglichst gut ausschöpfen. Chancengerechtigkeit schafft die Voraussetzungen dafür, dass die Schule allen Kindern gemäß ihren individuellen Begabungen zum größtmöglichen schulischen Erfolg verhilft und insofern Gerechtigkeit herstellt.

Sowohl in Deutschland als auch in der Schweiz und in Österreich sind wir von Chancengerechtigkeit nach wie vor weit entfernt. Der Schulerfolg wird – trotz aller Reformbemühungen vergangener Jahre – immer noch entscheidend durch die soziale Herkunft des Kindes bestimmt. Kinder aus bildungsfernen Schichten sind am stärksten benachteiligt, also vorwiegend Kinder und Jugendliche mit Migrationshintergrund, in zunehmendem Maß aber auch einheimische Kinder aus unteren sozialen Schichten (Konsortium Bildungsberichterstattung 2006;

Moser 2007; PISA OECD). Die Benachteiligung, die diese Kinder erleiden, ist nicht nur eine Folge schulischen Versagens oder mangelnder Unterrichtsqualität, sondern vor allem das Resultat einer ungenügenden Integration während der Vorschulzeit und Schulzeit sowie einer oftmals fehlenden Unterstützung durch die Eltern.

Die ersten fünf Lebensjahre sind von entscheidender Bedeutung für die Entwicklung und Sozialisierung eines Kindes. Finden in dieser Zeit Entwicklungsförderung und soziale Integration nicht oder nur ungenügend statt, fehlen dem Kind wichtige Grundkompetenzen, die es in der Schule oftmals während der gesamten Schulzeit nicht mehr aufholen kann. Wächst ein Kind in den ersten Jahren in einer sozial wenig integrierten Familie auf – gilt nicht nur für Migrationsfamilien (!) –, in der es sich nur beschränkt entwickeln kann, läuft es in der Schule Gefahr, vor allem wegen fehlender Sprachkompetenz und ungenügender Sozialisierung in die Rolle eines Außenseiters abgedrängt und bleibend ausgegrenzt zu werden.

Gute Bildungspolitik ist immer auch Sozialpolitik. Je länger die Einführung breit angelegter und wirksamer familienergänzender Tagesstrukturen (Kindertagesstätten, Ganztagesschulen) hinausgezögert wird, desto länger bleibt die Schule eine nacherzieherische Nothilfestation: »Bildung beginnt am Wickeltisch« (Moser und Lanfranchi 2008). Für eine nachhaltige Verbesserung müssen die Ressourcen verstärkt in die Vorschul- und ersten Grundschuljahre gelenkt werden. Gleichzeitig soll aber den zugewanderten Eltern auch bewusst gemacht werden, dass die Entwicklung ihrer Kinder umso besser gelingt, je stärker die Kinder und sie selbst in die Gesellschaft integriert sind. Eine gute Integration der Kinder muss langfristig auch im Interesse der Eltern sein, denn die große Mehrheit des Nachwuchses wird hier bleiben und nie mehr in das Herkunftsland der Eltern zurückkehren. Die Träume vieler Eltern, im Alter in die Heimat zurückzukehren, sind verständlich, aber die Kinder dürfen in ihrer Entwicklung durch die elterlichen Vorstellungen und Wünsche nicht behindert oder gar erdrückt werden.

Chancengerechtigkeit ist nicht nur eine Frage des Aufstiegs, sondern auch des Abstiegs. Wenn Menschen in einer Gesellschaft aufsteigen, muss es auch welche geben, die absteigen, nicht nur wegen der unterschiedlichen Lebensbedingungen, sondern auch weil die Anlagen von Generation zu Generation unterschiedlich vererbt werden. Wie war es beispielsweise mit den drei Kindern von Albert und Mileva Einstein? Ihre Eltern haben an der ETH Zürich theoretische Physik studiert. Waren ihre Kinder genauso klug oder gar noch klüger als sie?

Eine sinnverwandte Frage stellte sich im 19. Jahrhundert Francis Galton, britischer Naturforscher, in Bezug auf die Körpergröße. Es ist eine Alltagserfahrung: Große Eltern haben eher große und kleine Eltern eher kleine Kinder. Werden die Kinder großer Eltern aber genauso groß oder gar noch größer als ihre Eltern und werden die Kinder kleiner Eltern genauso klein oder gar noch kleiner als ihre Eltern?

Galton hat den folgenden Zusammenhang zwischen der Körpergröße der Eltern und derjenigen ihrer Kinder gefunden. Am ähnlichsten werden die Kinder ihren Eltern,

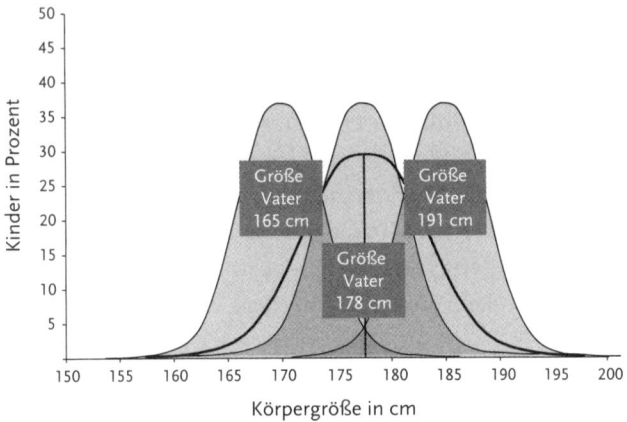

Abbildung 10: Körpergröße der Söhne in Abhängigkeit von der Körpergröße des Vaters. Verteilung in der Mitte: Körpergröße der Söhne, wenn der Vater durchschnittlich groß ist (178 cm); je 50 % der Söhne sind größer bzw. kleiner als der Vater. Verteilung links: Körpergröße der Söhne, wenn der Vater 165 cm groß ist; 84 % der Söhne sind größer als der Vater. Verteilung rechts: Körpergröße der Söhne, wenn der Vater 191 cm groß ist; 84 % der Söhne sind kleiner als der Vater. Dicke Linie: Verteilung der Körpergröße in der Bevölkerung (Largo et al. 2008).

wenn diese durchschnittlich groß sind (heutzutage: Frauen 165 Zentimeter; Männer: 178 Zentimeter). 50 Prozent der Söhne werden größer und 50 Prozent kleiner als ihr Vater (Abbildung 10). Ist der Vater lediglich 165 Zentimeter groß, werden seine Söhne mit einer Wahrscheinlichkeit von 84 Prozent größer als er. Sie können bis zu 180 Zentimeter groß werden. Lediglich 16 Prozent werden gleich groß oder gar kleiner als der Vater. Ist der Vater 191 Zentimeter groß, gelten genau die umgekehrten Verhältnisse. 84 Prozent seiner Söhne werden als Erwachsene kleiner sein als er. Einige werden weniger als 180 Zentimeter groß. Lediglich 16 Prozent werden genauso groß wie der Vater oder noch etwas größer. Die Gesetzmäßigkeiten treffen auf Mütter und Väter sowie Söhne und Töchter gleichermaßen zu.

Fazit: Je stärker die Eltern klein- oder großwüchsig sind, desto mehr weichen ihre Kinder von den elterlichen Vorgaben ab. Diese Gesetzmäßigkeit wird als »Regression to the Mean« (Rückentwicklung zur Mitte) bezeichnet. Sie gilt grundsätzlich für alle Entwicklungsbereiche, also auch für die kognitiven Fähigkeiten, sofern sie multifaktoriell vererbt werden, also mehrere Gene an deren Ausbildung beteiligt sind. Je weiter die Eltern vom Mittelwert entfernt sind, desto wahrscheinlicher ist es, dass ihre Kinder zum Mittelwert streben.

Abbildung 11 zeigt, dass die Töchter sich um den Mittelwert herum verteilen, wenn die Mutter über einen durchschnittlichen IQ verfügt. Wenn ihre Mütter extreme Positionen in der Normalverteilung einnehmen, tendieren die Töchter wie bei der Körpergröße zur Mitte hin. So werden die Töchter, deren Mütter über einen IQ von 130 verfügen, in 16 Prozent der Fälle intellektuell gleich oder noch begabter sein als die Mutter. In 84 Prozent werden sie aber intellektuell weniger leistungsfähig, einige sogar nur durchschnittlich sein. Das Gleiche gilt im umgekehrten Sinn, wenn die Mutter einen IQ von 70 aufweist. 84 Prozent der Töchter werden über einen höheren IQ als die Mütter verfügen. Lediglich 16 Prozent über einen gleich

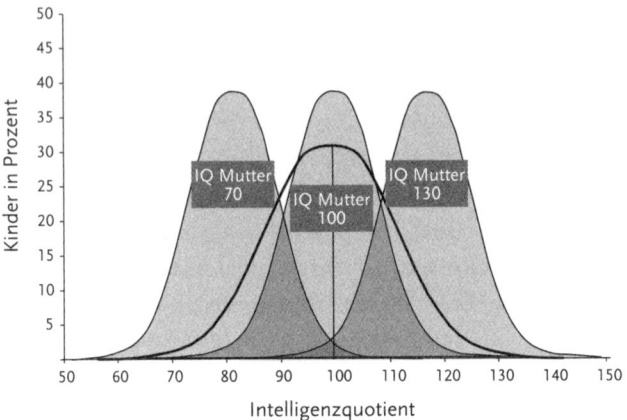

Abbildung 11: IQ der Töchter in Abhängigkeit vom IQ der Mutter. Verteilung in der Mitte: IQ-Verteilung der Töchter, wenn der IQ der Mutter durchschnittlich ist (IQ = 100); je 50 % der Töchter haben einen höheren bzw. niedrigeren IQ als die Mutter. Verteilung links; IQ-Verteilung der Töchter, wenn der IQ der Mutter 70 beträgt; 84 % der Töchter haben einen höheren IQ als die Mutter. Verteilung rechts: IQ-Verteilung der Töchter, wenn der IQ der Mutter 130 beträgt; 84 % der Töchter haben einen niedrigeren IQ als die Mutter. Dicke Linie: IQ-Verteilung in der Bevölkerung (Largo et al. 2008).

großen oder niedrigeren. Für eine genaue Annäherung muss selbstverständlich die intellektuelle Leistungsfähigkeit von Mutter und Vater berücksichtigt werden. Auch dann bleibt die »Regression to the Mean« gültig. Im konkreten Fall sind zusätzlich die Lebensbedingungen wie der sozio-ökonomische Status zu berücksichtigen.

Je stärker eine Begabung bei den Eltern ausgebildet ist, umso weniger wahrscheinlich ist es, dass sie im gleichen

Maß auf die Kinder übertragen wird. Dies traf auch auf die Kinder von Albert und Mileva Einstein zu. Das erste Kind, eine Tochter, ist früh verstorben oder wurde adoptiert; über ihre Entwicklung ist nichts Genaueres bekannt. Das zweite Kind, Albert, besuchte in Zürich das Gymnasium, studierte an der ETH und wurde Professor für Hydrologie an der renommierten Universität in Berkeley. Das jüngste Kind war ein sehr sensibler und musisch begabter Knabe. Edward erkrankte mit etwa 20 Jahren an Schizophrenie. Er litt ein Leben lang an dieser psychischen Beeinträchtigung und starb im Alter von 62 Jahren. »Keine Regel ohne Ausnahme« gilt auch für »Regression to the Mean«. Eine solche Ausnahme illustriert der weitverzweigte Stammbaum begabter Musiker und Musikerinnen in der Familie von Johann Sebastian Bach.

Der »Abstieg« ist in unserer Gesellschaft eine Realität, die zu Unrecht zumeist als Versagen wahrgenommen wird. Es kommt häufiger vor, als man gemeinhin annimmt, dass Akademikerkinder nicht mehr den sozialen Status ihrer Eltern erreichen. Abbildung 12 beschreibt die statistische Wahrscheinlichkeit eines Ab- oder Aufstiegs in unserer Gesellschaft. 40 Prozent der Akademikerkinder steigen ab, das heißt, sie haben als Erwachsene einen niedrigeren beruflichen Status als ihre Eltern; 15 Prozent werden Arbeiter und Angestellte. Andererseits steigen 15 Prozent der Kinder von Angestellten und Arbeitern zu höher qualifizierten Facharbeitern auf und 8 Prozent werden sogar Akademiker und Manager (Levy et al. 1997). Inwieweit Ab- und Aufstieg zugelassen werden, hängt von der Durchlässigkeit

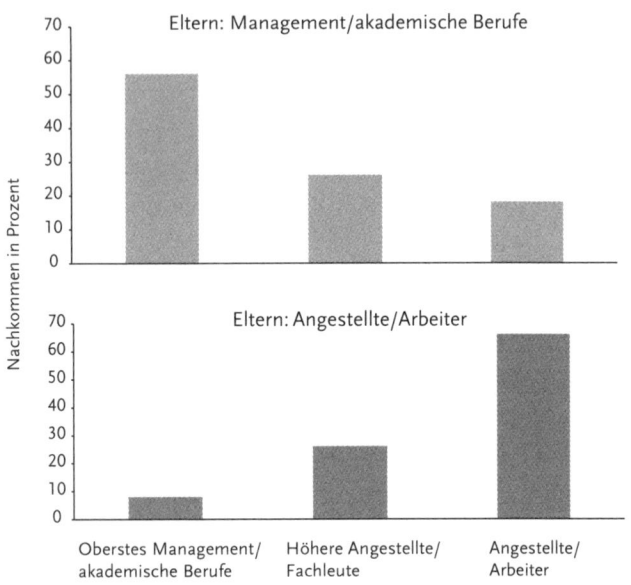

Abbildung 12: Sozio-professionelle Mobilität zwischen Generationen. Die Säulen geben an, in welche Berufskategorien die Nachkommen auf- oder absteigen. So werden 15 % der Nachkommen, deren Eltern in akademischen Berufen und im Management tätig waren, Angestellte und Arbeiter. Die Nachkommen waren zum Zeitpunkt der Erhebung 45 Jahre alt (N = 485) (Levy et al. 1997).

des Bildungssystems ab. Chancengerechtigkeit in der Schule und Zugang zu höherer Bildung sind die entscheidenden Faktoren für den Aufstieg, neben familiären und kulturellen Einflüssen (Coradi, Vellacott und Wolter 2005, Kronig 2007).

Tatsache ist: ein Teil der Kinder ist weniger begabt als ihre Eltern. Viele dieser Eltern wollen einen Abstieg ihrer Kinder unter allen Umständen vermeiden. Sie glauben, eine standesgemäße akademische Karriere werde sich schon ergeben, wenn sie nur genügend Druck auf ihre Kinder ausüben. Doch es kann tragisch enden, wenn Eltern ihre Kinder in Situationen bringen, in denen die Kinder hoffnungslos überfordert sind. Druck garantiert keine Karriere, ob er von den Eltern kommt oder von den Kindern selber, weil sie den Ansprüchen ihrer Eltern unbedingt genügen möchten. Eine Entkrampfung ist für Eltern und Kinder nur dann möglich, wenn die Eltern ihre Haltung ändern und die schulischen Schwierigkeiten ihres Kindes nicht mehr solange als Lebenskatastrophe darstellen, bis auch das Kind es als solche empfindet. Es ist für alle Seiten langfristig das Beste, wenn das Kind eine Schulkarriere machen kann, die seinen Fähigkeiten entspricht und die auf seine Stärken aufbaut. Ob das Kind sich seiner Anlage gemäß entwickeln kann, hängt entscheidend von der Einstellung der Eltern zur Schulkarriere ihres Kindes ab. Ist das Kind bei sich selber, also weder über- noch unterfordert, wird es auch als Erwachsener gut zurechtkommen. Das mag für viele Eltern schwer zu akzeptieren sein, aber nur so können sie ihrem Kind gerecht werden. Im Grunde genommen ist es die einzig realistische Haltung, die der menschlichen Natur entspricht und das Kind in seinem Wesen achtet.

Wozu soll ein Abstieg gut sein? Für jene Menschen, die es trifft, sollte ein Abstieg vom sozialen Status ihrer Herkunftsfamilie nicht zwangsläufig als ein Versagen verstanden werden. Längerfristig positiv für Betroffene ist, dass der Abstieg sie vor einer falschen Karriere und damit vor ständiger Überforderung und letztlich vor dem Scheitern bewahrt. Ein Abstieg ist aber auch im Interesse der Gemeinschaft, weil dadurch weniger Menschen in Positionen aufsteigen, die ihnen nicht entsprechen. In Gesellschaft und Wirtschaft kommt es immer wieder zu Dramen, weil Menschen mithilfe von Privilegien und Netzwerken in soziale und wirtschaftliche Stellungen aufsteigen und sich – wenn auch nur für eine gewisse Zeit – dort zu halten vermögen, wo sie mit ihrer Inkompetenz Stillstand oder gar Rückschritt und damit großen Schaden anrichten können. Die Gesellschaft muss also ein Interesse daran haben, dass nicht nur die Aufstiegschancen gewahrt bleiben, sondern auch der Abstieg nicht durch Nepotismus verhindert wird. Dies gilt insbesondere auch für die Schulzeit. Weniger begabte Schüler aus bildungsnahen Familien werden immer häufiger mit Lernstudios und Nachhilfeunterricht auf Gymnasialkurs gehalten, und Schüler aus bildungsfernen Familien werden dadurch bei der Selektion zusätzlich benachteiligt. Und damit wären wir abschließend wieder bei Wilhelm von Humboldt angelangt: Mit einem möglichst fairen und durchlässigen Bildungssystem ist nicht nur dem einzelnen Menschen, sondern auch der ganzen Gesellschaft am besten gedient.

Das Bildungswesen stammt aus dem 19. Jahrhundert, die Eltern und Lehrer sind aus dem 20. Jahrhundert und die Kinder leben im 21. Jahrhundert. Eine häufig gehörte Klage, die ein weitverbreitetes Unbehagen ausdrückt. Ganz so schlimm ist es ja nicht. Die Schule hat sich in den letzten 150 Jahren ständig weiterentwickelt. Die Kinder schreiben nicht mehr auf Schiefertafeln, sondern bedienen neuerdings auch schon Tablets. Dennoch ist eine grundlegende Erneuerung der Schule notwendig. Wir müssen endlich von pädagogischen Vorstellungen Abschied nehmen, die immer wieder versuchen, ein früher religiöses, seit 200 Jahren oftmals an Ideologien orientiertes Menschenbild in Bildung und Erziehung zu verwirklichen. So haben Reformpädagogen ihren Unterricht mit Dogmen unterschiedlichster Art begründet (Oelkers 2005). In der zweiten Hälfte des 20. Jahrhunderts hatten die Sozialdemokraten die folgende bildungspolitische Vision: Wenn wir für alle Kinder gute schulische Bedingungen herstellen/schaffen, werden sie sich alle gleich gut entwickeln, sprich: Abitur machen. Fakt ist: Millionen von Kindern gehen in unterschiedlichsten Kulturen während Tausender von Stunden in die Schule. Wenn sie die Schule verlassen, sind sie verschiedener denn je. Die Schule hat ihre Bestimmung dann gefunden, wenn sie auf das Kind mit seinen individuellen Eigenheiten eingeht und Bedürfnissen sowie die Gesetzmäßigkeiten der kindlichen Entwicklung achtet.

Abschließend einige bedenkenswerte Punkte, die sich aus den vorhergehenden Ausführungen ergeben:

Schüler Jede Begabung ist von Schüler zu Schüler unterschiedlich ausgeprägt (interindividuelle Variabilität). Beim einzelnen Schüler sind die verschiedenen Begabungen wie Sprache und logisch mathematisches Denken ebenfalls unterschiedlich ausgebildet (intraindividuelle Variabilität). Dieser Vielfalt der Begabungen unter den Schülern kann nur ein individualisierter Unterricht gerecht werden.

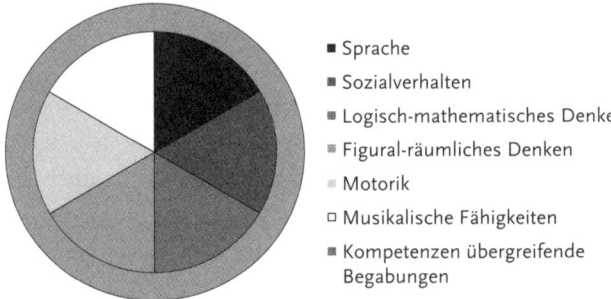

- Sprache
- Sozialverhalten
- Logisch-mathematisches Denken
- Figural-räumliches Denken
- Motorik
- Musikalische Fähigkeiten
- Kompetenzen übergreifende Begabungen

Abbildung 13: Grundkompetenzen und Kompetenzen übergreifender Begabungen.

Die Schule soll die Schüler ganzheitlich, das heißt alle Grundkompetenzen der Schüler, fördern. Eine sträflich vernachlässigte Kompetenz ist die soziale. Die Kinder werden durch die Schule zwangsläufig sozialisiert, verbringen sie doch mindestens 10.000 Stunden in der Schule. Die Schule hat, als Vorzimmer der Gesellschaft, die Pflicht, die Kinder möglichst gut auf das soziale Zusammenleben vorzubereiten. Im Unterricht sollen nicht nur einzelne Fähigkeiten wie Lesen, Schreiben und Rechnen, sondern vermehrt auch Begabungen, die kompetenzenübergreifend sind, gefördert werden. Wenn ein Schüler beispielsweise für einen Vortrag über ein naturwissenschaftliches Thema

selbstständig recherchiert, seine Ergebnisse in einer sprachlich verständlichen Form zusammenfasst und in einer
Power-Point-Präsentation mit Grafiken und Abbildungen
darstellt, setzt er übergreifend verschiedene Kompetenzen
wie analytisches Denken, Sprache und figural-räumliche
Vorstellungen ein.

Lehrer In der Aus-, Weiter- und Fortbildung sollten sich
die Lehrer neben fachlichen, methodischen und didakti-
schen Kenntnissen vor allem ein fundiertes Wissen über
die kindliche Entwicklung aneignen (Kenntnisse der
piagetschen Entwicklungsstadien erwiesen sich als ein
wichtiger Faktor in der Hattie-Studie). Sie werden dadurch
befähigt, den Entwicklungsstand des einzelnen Schülers
richtig einzuschätzen und seine individuelle Lernmotivation zu erfassen. Sie verfügen über pädagogische Mittel, den
Lernerfolg und die Selbstwirksamkeit beim einzelnen
Schüler zu stärken. Sie sehen sich selbst nicht nur als Lehrende, sondern auch als Lernende (Hatties größtes Anlie-
gen). Ihre pädagogischen Kompetenzen verbessern sie
ständig, indem sie ihre Unterrichtstätigkeit kritisch analy-
sieren und hinterfragen (beispielsweise durch Videoauf-
zeichnungen des Unterrichts mit anschließender Supervisi-
on) (Heidemann 2007, Helmke et al. 2013). Eine
kontinuierliche Überprüfung der Lehrtätigkeit verbessert
die Qualität des Unterrichts und damit den Lernerfolg weit
mehr als die standardisierten Tests, die in den Schulen seit
einigen Jahren regelmäßig durchgeführt werden. Die Lehrer sind sich schließlich der Bedeutung der Beziehung für
den Lernerfolg ihrer Schüler bewusst. Sie sorgen mit dem

notwendigen persönlichen und zeitlichen Aufwand für eine gute Beziehungsqualität zwischen sich, den Schülern und den Eltern.

Bildungswesen

Bildung hat immer auch eine starke sozialpolitische Dimension. Inwieweit die Schüler ihre angelegten Fähigkeiten verwirklichen können, hängt nicht allein von den schulischen Erfahrungen, sondern auch von familiären Faktoren und insbesondere von der frühkindlichen Förderung ab. Der Bildungsauftrag ist grundsätzlich zu überdenken. Der Lehrplan muss von Altlasten entschlackt, an das Lernverhalten der Kinder angepasst und auf die zukünftigen Anforderungen von Gesellschaft, Kultur und Wirtschaft ausgerichtet werden.

Wie kann eine solche Erneuerung gelingen? Die vergangenen Jahre haben deutlich gezeigt: Reformen von oben sind kaum erfolgreich. Die Bemühungen der Bildungs- und Kultusministerien werden, selbst wenn sie innovativ und kindgerecht sind, zwischen den Interessengruppen von Politik, Gesellschaft und Wirtschaft zerrieben. Weit erfolgversprechender sind Reformen von unten. Dies belegen eindrücklich die Schulen, die den Deutschen Schulpreis erhalten haben. Seit 2006 wurden 40 Preisträger ausgezeichnet sowie weitere 60 Schulen nominiert. In diesen kindgerecht geführten Schulen wollen die Kinder lernen. Ihre Lehrer sind nicht auf Druckmittel wie Prüfungen, Noten und Selektion angewiesen. Ein viel versprechender Ansatz für eine Erneuerung des Bildungssystems ist daher seine Liberalisierung durch autonome Schulen und freie Schulwahl. Die staatlich geführten Schulen bleiben für diejenigen, die daran festhalten wollen, bestehen. Aber Eltern und Lehrer, die für ihre Kinder andere Schulen wünschen, sollen die Möglichkeit dazu haben. Autonome Schulen werden wie die öffentlichen Schulen finanziell unterstützt. Weil die Angst vor der Entstehung elitärer Schulen – zurecht – weit verbreitet ist, sollten autonome Schulen keine zusätzlichen Gelder von Sponsoren annehmen, und sie sollten zur Aufnahme einer bestimmten Anzahl von Schülern mit besonderen schulischen Bedürfnissen verpflichtet werden.

Dem Staat bleiben – neben der öffentlichen Schule – immer noch wichtige Aufgaben. Er sorgt für die notwendigen Rahmenbedingungen und deren Einhaltung durch alle Schulen. Und er gewährleistet Chancengerechtigkeit und Durchlässigkeit in Gesellschaft und Wirtschaft.

Referenzen

Allensbach Institut für Demoskopie, IfD-Umfrage 4297 2006

Allensbach Institut für Demoskopie. *Lehre(r) in Zeiten der Bildungspanik*. Eine Studie zum Prestige des Lehrerberufs und zur Situation an den Schulen in Deutschland. Mit Kommentar. Trautwein, U. Düsseldorf: Vodafone Stiftung Deutschland 2012

Chomsky, N.: *Aspects of the Theory of Syntax*. Cambridge/Mass. 1967

Coradi Vellacott, M., Wolter, S.C.: *Chancengleichheit im schweizerischen Bildungswesen*. Aarau 2005

Csikszentmihalyi, M.: *Flow*. New York 1990

Flynn, J.R.: *The mean IQ of Americans: Massive gains 1932 to 1978*. Psychological Bulletin, 95/1984, S. 29–51

Fritschi, T., Oesch, T.: *Volkswirtschaftlicher Nutzen von frühkindlicher Bildung in Deutschland. Langfristige Effekte bei Krippenkindern*. Bertelsmann Stiftung 2008

Hattie, J.: *Visible Learning. A synthesis of over 800 Meta-Analyses relating to Achievement*. New York 2009

Hattie, J.: *Visible Learning for Teachers. Maximizing impact on Learning*. New York 2012

Hattie, J.: *Lernen sichtbar machen*. Überarbeitete deutsche Ausgabe von »Visible Learning« besorgt von W. Beywl und K. Zierer. Baltmannsweiler 2013

Heckman, J. J., Stixrud J., Urzua S.: *The effects of cognitive and noncognitive abilities on labor market outcomes and social behavior.* Journal of Labor Economics 24, S. 411–482, 2006

Heckman, J. J., Moon S.H., Pinto R., Savelyev P.A., Yavitz A.: *The rate of return to the High Scope Perry Preschool Program.* Journal of Public Economics 94, 114–128, 2010

Heidemann, R.: *Körpersprache im Unterricht. Ein Ratgeber für Lehrende.* Wiebelsheim 2007

Helmke, A., Helmke, T., Lenske, G., Pham, G., Praetorius, A.K., Schrader, F.-W., Ade-Thurow, M.: EMU. *Evidenzbasierte Methoden der Unterrichtsdiagnostik und -entwicklung.* www.unterrichtsdiagnostik.info 2013

Jensen, A. R.: *Bias in Mental Testing.* New York 1980

Kanaya, T., Scullin, M.H., Ceci, S.J.: *The Flynn effect and U.S. policies. The impact of rising IQ scores on American society via mental retardation diagnosis.* American Psychologist, 58/2003, S. 778–790

KONSORTIUM Bildungsberichterstattung: *Bildung in Deutschland. Ein indikatorengestützter Bericht mit einer Analyse zu Migration und Bildung.* Frankfurt a.M. 2006

Kronig, W.: *Die systematische Zufälligkeit des Bildungserfolgs: Theoretische Erklärungen und empirische Untersuchungen und Leistungsbewertung von leistungsschwachem Lernen.* Bern 2007

Kucklick, C.: *Gute Lehrer.* GEO 2, 2011

Largo, R. H.: *Lernen geht anders. Bildung und Erziehung vom Kind her denken.* München 2012

Levy, R., Joyce, D., Guye, O., Kaufmann, V.: *Tous* égaux? *De la stratification aux représentations.* Zürich 1997

Moser, U., Keller, F.: *Check 5: Schlussbericht zuhanden des Departements Bildung, Kultur und Sport des Kantons Aargau.* Zürich 2008

Moser, U., Lanfranchi, A.: »Ungleich verteilte Bildungschancen«, in: Eidgenössische Koordinationskommission für Familienf*r*agen *(Hrsg.): Familien – Erziehung – Bildung.* Bern 2008

Moser, U., Tresch, S.: *Best Practice in der Schule: von erfolgreichen Lehrerinnen und Lehrern lernen.* Zürich 2003

Moser, U.: *Analyse zur Volksschule zuhanden der SP Schweiz.* Zürich 2007

OECD 2003 bis 2008:http://www.oecd.org

Oelkers, J.: *Reformpädagogik. Eine kritische Dogmengeschichte.* Weinheim, Basel 2005

PISA OECD: OECD: http://www.pisa.oecd.org/

Prenzel, M. et al.: *Pisa 2003. Untersuchungen zur Kompetenzentwicklung im Verlauf eines Schuljahres.* Münster 2006

Prenzel, M.: *Die Stundenkürzungen sind eine Chance.* Süddeutsche Zeitung, 3. April 2008

Rutter, M., Maugham, B.: *Fünfzehntausend Stunden. Schulen und ihre Wirkung auf die Kinder.* Weinheim, Basel 1980

Scarr, S.: *Developmental theories for the 1990s: Development and individual differences.* Child Development 63/1992, S. 1–19

Schlotter M., Wößmann, L.: *Frühkindliche Bildung und spätere kognitive und nicht-kognitive Fähigkeiten.* Deutsche und internationale Evidenz, Ifo, Working Paper, No. 91, 2010

Schweizer, K.: *Leistung und Leistungsdiagnostik.* Berlin 2006.

Teasdale, T.W., Owen, D.R.: *A long-term rise and recent decline in intelligence test performance: The Flynn effect in reverse.* Personality and Individual Differences 39/2005, S. 837–843

Van Wieringen, J. C.: »Secular growth changes«, in: Falkner F., Tanner J. M. (Ed.): *Human Growth*, Volume 3. New York 1986, S. 307–332

Vuille, J. C., Carvajal, M. I., Casaulta, F., Schenkel, M.: *Die gesunde Schule im Umbruch.* Zürich 2004

Bücher von Remo H. Largo

Largo, R. H.: Babyjahre. Piper, München (1993)

Largo, R. H.: Kinderjahre. Piper, München (1999)

Largo, R. H., Czernin, M.: Glückliche Scheidungskinder: Trennungen und wie Kinder damit fertig werden. Piper, München (2003)

Largo, R. H., Beglinger, M.: Schülerjahre. Piper, München (2008)

Largo, R. H., Czernin, M.: Jugendjahre. Piper, München (2011)

Largo, R. H.: Lernen geht anders: Bildung und Erziehung vom Kind her denken, Piper, München (2012)

Adresse

Prof. Remo Largo
Speerstraße 31, CH-8738 Uetliburg
brlargo@bluewin.ch

Remo H. Largo
im Gespräch mit
Reinhard Kahl

Der Vorteil, verschieden zu sein

Es ist ungewöhnlich, dass ein Kindheitsforscher so tief aus der Naturwissenschaft kommt wie Sie und dabei seinen ganz eigenen Stil entwickelt hat. Wie kam es denn dazu?

Ich war schon ein sonderbarer Vogel unter den Kinderärzten. Ich habe das ganze Leben lang in Spitälern gearbeitet, erst in den USA und dann in Zürich. Ich habe natürlich auch Kinder behandelt. Aber meine Haupttätigkeit bestand über dreißig Jahre darin, dass ich versucht habe zu verstehen, wie sich Kinder entwickeln.

Gab es da einen Auslöser?

Ich hatte in den USA eine Zusatzausbildung in Entwicklungspädiatrie gemacht. Als ich in die Schweiz zurückkam, begann ich in den Zürcher Longitudinalstudien zu arbeiten. Es ging uns um die Entwicklung gesunder Kinder. Das war damals untypisch für die Medizin. Das war eine Ausweitung. Wir haben Eltern noch im Wochenbett gefragt, ob sie in unseren Longitudinalstudien mitmachen wollten.

Und wenn die Eltern Ja gesagt haben, dann blieben sie mindestens 20 Jahre dabei. Es gibt sogar Eltern, die machen schon seit 50 Jahren mit.

Aber so alt sind Sie noch nicht, dass Sie 50 Jahre dabei sein können.

Nein, ich war auch nicht der Begründer der Longitudinalstudien. Die Studien wurden in den Fünfzigerjahren initiiert, primär, um das Wachstum der Kinder zu erfassen. Unsere Idee war dann, die Untersuchungen auf alle Entwicklungsbereiche auszuweiten. Der Ansatz war, jedes Kind von der Geburt bis ins Erwachsenenalter zu verfolgen, denn nur so – das war unsere Überzeugung – konnten wir die Entwicklung wirklich verstehen. Also nicht irgendwelche Querschnitte mit großen Zahlen erheben, sondern: Wie entwickelt sich ein Kind von Monat zu Monat und von Jahr zu Jahr? Der Aufwand war enorm. Insgesamt haben wir so etwa achthundert Kinder begleitet. Diese Erfahrungen haben mein Denken geprägt.

Können Sie das Ergebnis der Studie auf zwei Sätzen komprimieren?

Jedes Kind ist ein Unikat. Die Kinder kommen schon einmalig auf die Welt und werden im Laufe ihres Lebens immer verschiedener.

Zum Beispiel?

Es gibt Kinder, die fangen mit zehn Monaten an zu sprechen, andere erst mit 30 Monaten. Das ist aber alles im normalen Bereich und für die Kinder kein Problem, jedoch für viele Eltern. Wir konnten ebenfalls feststellen: Einjährige Kinder schlafen im Schnitt um die zwölf Stunden. Aber es gibt Kinder, die kommen mit achteinhalb Stunden aus. Das macht den Eltern Schwierigkeiten.

Wie sieht das aus?

Ich habe Eltern in der Beratung erlebt, die selbst einen größeren Schlafbedarf hatten als ihr einjähriges Kind. Zum Beispiel eine Mutter, die zehn Stunden Schlaf brauchte, was nicht ungewöhnlich ist. Ihr Knirps schlief aber nur achteinhalb. Das war für sie ein echtes Problem. Auf der anderen Seite gibt es Kinder, die schlafen vierzehn Stunden, das sind wunderbare Kinder für die Eltern, da hat man wirklich Ruhe. Wir haben gelernt: Vielfalt gibt es in allen Entwicklungsbereichen. Die Studien sind uns jedoch nicht immer ganz gelungen. Das Sozialverhalten zuverlässig zu erfassen ist beispielsweise methodisch sehr schwierig. Da sind wir nicht weit gekommen. Aber in der Motorik, der Sprache oder der Kognition, also in der geistigen Entwicklung, da haben wir die Vielfalt sehr gut dokumentieren können.

Vielleicht muss man noch mal unterstreichen, dass dieses Spektrum von achteinhalb Stunden Schlafbedürfnis des einen Kindes und eines anderen von vierzehn Stunden, das betonen Sie ja immer wieder, ganz normal ist. Das sind beide keine Randständigen. Aber wir neigen zu einem engen Bild von Normalität, von richtig und falsch und auch zu der Angst davor, etwas falsch zu machen.

Wenn Kleinkinder deutlich weniger schlafen, sagen wir unter zehn Stunden, ihre Eltern aber meinen, sie müssten zwölf Stunden schlafen, dann führt das zu Schlafstörungen. Die Eltern können von ihrem Kind nicht verlangen, dass es zwölf Stunden ruhig im Bett liegen bleibt. Es schläft entweder nicht ein, oder es wacht nachts auf, oder es kommt am Morgen zu früh oder alles zugleich. Die häufigste Ursache für Schlafstörungen im Kleinkindesalter ist, dass die Eltern den Schlafbedarf ihres Kindes überschätzen.

Noch schwieriger wird es bei den verborgenen, den geistigen Fähigkeiten. Was haben Sie da beobachtet? Zum Beispiel beim Lesen?

Das Extremste war ein Knabe, der zwischen zweieinhalb und drei Jahren beschlossen hat, er wolle nun lesen. Und das hat er auch geschafft. Also, mit drei Jahren konnte er recht gut lesen. Mit fünf Jahren, als er in den Kindergarten kam, da hatte er schon mehrere Bücher gelesen. Das ist das eine Extrem der Vielfalt. Und dann haben wir Kinder, die kommen in die Schule, und es geht gar nichts. Sie kommen in die zweite Klasse, es geht immer noch nichts. Auch in der dritten Klasse nicht. Wenn wir uns die Resultate der PISA-Studien ansehen, dann stellen wir fest, mit 15 Jahren, in der neunten Klasse, sind 17 Prozent der Jugendlichen, auf dem Stand von Viert- bis Fünftklässlern. In Deutschland leben etwa 800.000 normal intelligente Erwachsene, die können überhaupt nicht lesen, und weitere etwa zehn Millionen, die können es nur sehr beschränkt.

Und da sehen Sie kein Versagen der Schule?

Nur teilweise. Unsere Schulen könnten besser arbeiten, aber Analphabetismus ganz zu vermeiden gelingt auch den besten Schulen nicht. So gibt es selbst in Finnland Analphabeten, die durch die gesamte Schule gegangen sind und trotzdem nicht lesen können. Es ist nicht so, dass man mit einer optimalen Schule die enorme Variabilität wegkriegt. Und das ist nicht nur beim Lesen so, sondern in allen anderen Bereichen, etwa beim Zahlenverständnis. Oder beim Zeichnen. Oder bei der räumlichen Vorstellung. Sie haben überall eine hohe Variabilität. Im Extrem haben Kinder schon zwischen drei und sechs Jahren eine Fähigkeit, die der eines durchschnittlichen Erwachsenen entspricht. Auf der anderen Seite haben Sie Erwachsene, die nie so weit gekommen sind.

Das macht uns etwas sprachlos. Wir glauben heute ja überwiegend, dass es sich bei der von Ihnen genannten Spreizung um soziale und schulische, also im weitesten Sinne gesellschaftlich verursachte Unterschiede handelt, die man durch die Verbesserung der Systeme überwinden kann.

Ich denke, das ist vor dem Hintergrund der Erfahrungen, die wir in den letzten zweihundert Jahren gemacht haben, auch verständlich. Lange Zeit war eine Mehrheit der Bevölkerung benachteiligt, zum Beispiel beim Lesen. Und wir haben – ich möchte das sehr betonen – diese sozialen Defizite immer noch nicht wettgemacht. Wobei das Defizit weniger in der Schule als in den ersten fünf Lebensjahren angelegt ist. Aber es ist auf der anderen Seite wirklichkeitsfremd, wenn man davon ausgeht, dass mit einer optimalen Schule diese Vielfalt verschwinden würde. Die Frage ist vielmehr, wie gehen wir damit um? Sie müssen sich mal vorstellen: Zehn bis zwanzig Prozent der Kinder gehen durch die Schule und haben ständig das Gefühl, sie seien im Lesen oder im Schreiben oder im Rechnen Versager, nur weil die Eltern und Lehrer die Unterschiede nicht wahrhaben wollen. Wir wollen uns auf diese Kinder nicht einstellen, genauso wenig wie auf die Kinder, die weit voraus sind.

Und dabei wollten wir doch über den Vorteil, verschieden zu sein, sprechen? Wo liegt denn nun der Vorteil des Verschiedenseins?

Darf ich da etwas ausholen? Die Vielfalt, die Variabilität innerhalb einer Art von Lebewesen, seien das nun Bakterien, Pflanzen, Tiere oder Menschen, ist ein Grundprinzip der Evolution. Die ganze Evolution steht und fällt damit, dass Lebewesen sehr vielfältig sind, und der Sinn dahinter ist ja, dass es auf diese Weise immer Individuen gibt, die für bestimmte Umweltsituationen besonders geeignet sind und überleben. Denn wenn alle gleich ausgebildet wären, und die Umwelt verändert sich, dann liefe eine Tierart Gefahr, auszusterben. Wenn aber die Fähigkeiten sehr unterschiedlich angelegt sind, dann besteht diese Möglichkeit, dass mindestens ein Teil überlebt und sich weiter anpassen kann. Mir ist kein Entwicklungsmerkmal bekannt, das bei allen Menschen gleich ausgeprägt wäre.

Da spricht der Naturwissenschaftler.

Ja, aber dieser Prozess geht weiter in der Gesellschaft und begründet letztlich die Kultur. Gemeinschaften, wie wir sie im Verlaufe von vielen tausend Jahren entwickelt haben, wären ohne die Vielfalt der Individuen gar nicht möglich gewesen. Das Spektrum eines Individuums geht von dem Kind, das mit Zahlen nichts anfangen kann, bis hin zu Carl Friedrich Gauß, der im Alter von vier Jahren seinem Vater gezeigt hat, wie er Rechnungen einfacher verbuchen kann. Jeder leistet mit seinen Stärken in der Gemeinschaft seinen Beitrag. Gerade weil wir unterschiedlich sind, entsteht eine sehr produktive Gemeinschaft. Ich bin angewiesen auf einen Menschen, der weiß, wie die Elektronik heutzutage funktioniert, ich weiß es nicht. Der andere braucht vielleicht einen Kinderarzt für sein Kind. Also, die komplexe Struktur, die unsere Gesellschaft auszeichnet, kam eigentlich nur dadurch zustande, dass wir sehr verschieden sind. Wir sind einmalig durch die unterschiedlichen Eigenschaften und Begabungen, so wie das Gesicht eines jeden einmalig ist und wir die schier unendlich vielen Gesichter mühelos unterscheiden können.

Im pädagogischen Alltagsbewusstsein wird offenbar unterschätzt, wie sehr sich Kultur und die menschliche Verschiedenheit gegenseitig bedingen. Dass wir uns verständigen, also die Sprache entwickelt haben, beruht ja darauf, dass sich die Verschiedenen verständigen müssen. So baut sich die Gattung gewissermaßen ein zweites Haus. Wären alle sehr ähnlich, wozu? Und ohne Missverständnisse, die wir Verschiedenen ständig produzieren, käme nichts Neues zur Welt. Wenn man dies beides bedenkt, wirkt so eine Entindividualisierungseinrichtung wie die bisherige Schule plötzlich grotesk widersinnig.

Ich habe mal geschrieben, das Beste was einem Individuum passieren könne, sei, dass es sich so, wie es in seinem Wesen angelegt ist, verwirklichen dürfe. Das ist auch das Beste für die Gesellschaft, weil dann der Beitrag, den das einzelne Individuum leistet, am größten ist. Die Gesellschaft sollte Interesse daran haben, dass jeder er beziehungsweise sie selbst werden kann, weil damit für die Gesellschaft am meisten herausschaut.

»Werde, der du bist.« Das Motto von Pindar bis Nietzsche. Das wäre auch eines für die Schulen. Stattdessen wird heute die Abweichung vom Normalfall zum Therapiethema.

Wir Eltern und Lehrer wollen die Kinder nicht so, wie sie nun einmal sind. In der Stadt Zürich erhalten 60 Prozent der Kinder in den ersten sechs Schuljahren irgendwelche sonderpädagogischen Maßnahmen. 60 Prozent! Es sind mehr Kinder mit Maßnahmen als Kinder ohne.

Maßnahmen wären zum Beispiel?

Legasthenie- oder Dyskalkulie- oder Ergotherapie. Oder Psychomotorik, was auch immer. Also da kann man wirklich nicht mehr sagen, die Kinder seien gestört. Die Schule ist hochgradig gestört. Diese Maßnahmen sind zudem extrem teuer, sie fressen 20 Prozent des Bildungsbudgets. Wir sind versessen darauf, die Defizite wegzukriegen. Was diesen Irrsinn ad absurdum führt: Ich kenne keine einzige Studie, die nachweisen konnte, dass all diese Maßnahmen das bewirken, was Eltern und Lehrer sich davon erhoffen.

Defizite zu eliminieren?

Richtig. Ich lasse mich gern belehren, wenn jemand so eine Studie mit Erfolg durchgeführt hat. Natürlich ist es so: Wenn ein Kind eine Leseschwäche hat, soll man ihm helfen so gut wie möglich lesen zu lernen, das ist selbstverständlich. Aber die Schwäche eliminieren, im Sinne von: »Jetzt machen wir das Kind normal«, dafür kenne ich keine Therapie. Wir reiten auf den Schwächen herum, verunsichern die Kinder und vergessen dabei, ihre Stärken zu fördern. Wir werden sogar misstrauisch, wenn ein Kind in etwas speziell gut ist. Was macht die Lehrerin mit dem Lars, der mit zweieinhalb Jahren angefangen hat, zu lesen? Was soll der in der ersten Klasse lesen? Wir Erwachsene schlagen uns mit unseren Stärken durchs Leben und sicher nicht mit den Schwächen, die wir alle haben. Warum gilt das nicht auch für die Kinder? Da ist irgendetwas verdreht. Ich würde auf Stärken setzen. In allen Entwicklungsbereichen. Und nicht nur auf das, was in der Schule verlangt wird. Da gibt es noch ganz andere Stärken, beispielsweise im sozialen oder musischen Bereich. Es scheint kulturell bedingt zu sein, dass wir so auf die Defizite fixiert sind und die Stärken der Kinder verkennen.

Man traut den Kindern nicht so recht. Da passen Defizite besser ins Bild. Wir kennen doch alle diese Sprüche: In der Schule beginnt der Ernst des Lebens. Das ist doch keine Einladung ins Leben, sondern eher eine Drohung. Dann kommt die Frage: Entsprichst du der Norm? Bist du ein gymnasialer Schüler oder bist du nur ein Hauptschüler? Da hat die Frage: »Wer bist du« als einmaliges Individuum gar keinen Platz.

Das klingt sehr vertraut. Ich habe den Eindruck, dass diese Haltung nicht nur mit der Schule zu tun hat, sondern weit zurück in die jüdisch-christliche Kultur reicht. Bereits im Alten Testament steht, das Kind komme schlecht auf die Welt und müsse zum Guten erzogen werden. Diese Vorstellung hockt immer noch ganz tief in uns drin. Das zeigt sich zum Beispiel, wenn die Eltern ihre Babys schreien lassen. Das zeigt sich heute in der Rede vom »kleinen Tyrannen«. Die Kinder sind demnach vom Übel geprägt, und wir müssen jetzt schauen, dass aus diesem wilden Gemüse, so hat sie Schreber, der Begründer der Turnvereine und der Schrebergärten, genannt, noch was wird.

Sie wissen, was aus dessen Sohn geworden ist?

Nein, ist mir nicht bekannt.

Der Sohn Daniel Paul Schreber ist verrückt geworden und hat über seine »Nervenkrankheit« ein sehr interessantes Buch geschrieben, die »Denkwürdigkeiten«, das für Sigmund Freud, Elias Canetti, Jacques Lacan und andere eine aufschlussreiche Vorlage für eine Theorie der Paranoia wurde. Der Schreber-Sohn wurde ständig von irgendwelchen Engels- und Teufelspfeilchen bombardiert. Vater Schreber hatte ja nicht nur Schrebergärten und Turnvereine, sondern auch solche monströsen Erziehungsapparate wie Antionaniergürtel und Geradehalter erfunden.

Er hat auch gesagt, dass ein Kind wie ein Garten sei, den man ausjäten müsse, das Unkraut müsse möglichst früh vernichtet werden. Das gehört zu dem Bild des Kindes, das in unserer Kultur leider immer noch vermittelt wird.

Die Vorstellung, der Gärtner macht den Garten. Er macht …

… ja, wir »machen« die Kinder. Das ist eine unglaubliche Anmaßung. Ich wünschte mir mehr Demut. Die Vorstellung vom bösen Kind wurde in den 1968er-Jahren umgedreht, und es wurde postuliert, das Kind komme grundsätzlich gut auf die Welt, und nun müssten wir schauen, dass es nicht verkommt. Diese Ideologie war genauso falsch wie die Textstelle im Alten Testament. Die Kinder wollen zu dem werden, was in ihnen angelegt ist. Ihnen dazu zu verhelfen ist unsere Aufgabe als Eltern und Lehrer.

Heute dominiert das »Projekt Kind«. Wie andere Projekte liegt es in der Händen der Macher. Mit der Folge all der Strategien des Reinstopfens und Abfüllens. Dahinter steht die sehr negative Annahme, dass die zu füllenden Fässer hohl sind.

Dreißig Jahre Studien mit Kindern haben mir geholfen von solchen nicht kindgerechten Vorstellungen loszukommen. Ein Beispiel: Wenn die Kinder fünf Jahre alt sind, variiert ihr Sprachschatz zwischen etwa 1.000 und 10.000 Wörtern.

Von Tausend bis Zehntausend?

Richtig. Im Mittel verfügen die Kinder mit fünf Jahren über 4.000 Wörter. Die Kinder eignen sich also innerhalb von etwa vier Jahren jeden Tag drei neue Wörter an. Und was tragen wir Erwachsene dazu bei? Nichts. Die Kinder finden alles selbst heraus: Die Bedeutung der Wörter, die Regeln der Satzstellung, die ganze Grammatik und wie die Sprache in der Kommunikation verwendet wird. Eltern würde es nie einfallen, ihren Zweijährigen zu belehren: Ein einfacher Satz besteht aus einem Subjekt, einem Verb und einem Objekt. Das findet das Kind alles selbst heraus. Die Leistungen, die die Kinder erbringen – zu denen übrigens Erwachsene nicht mehr fähig sind –, haben mich immer wieder mit Staunen, ja geradezu Ehrfurcht erfüllt.

Das wäre jetzt ein guter Moment eines Ihrer Forschungsvideos anzusehen und in Worte zu übersetzen. Zum Beispiel Szenen, die zeigen, was passiert, wenn von einem Kind etwas verlangt wird, das es zu diesem Zeitpunkt noch gar nicht können kann.

Das ist die Martina. Sie ist achtzehn Monate alt, und typisch für dieses Alter baut sie aus Würfeln kleine Türmchen. Wie das geht, finden die Kinder selber heraus. An ihrem Gesicht sieht man, dass sie großen Spaß daran hat. Das ist für mich sinnvolles Lernen. Das Kind probiert aus und lernt dabei. Das hat etwas sehr Lustvolles.

Und jetzt geschieht Folgendes: Der Untersucher verlangt von der Martina, dass sie die Würfel nicht mehr vertikal aufeinander-, sondern horizontal aneinanderreiht, und das schafft sie nicht. Das kann in der Regel ein achtzehn Monate altes Kind nicht. Die Martina geht zurück zu dem, was sie kann, nämlich Türme bauen.

Jetzt achten Sie auf ihr Gesicht. Der Untersucher insistiert und verdirbt ihr damit die Spiellaune. Ich habe in Amerika zwei Jahre lang solche Studien gemacht. Ich habe gelernt: Wir können den Kindern solche Schritte nicht beibringen. Die kommen von selber drauf. Schauen Sie auf Martinas Gesicht, innerhalb von fünf Sekunden ist sie wieder zufrieden geworden, einfach deshalb, weil sie jetzt Würfel in die Schachtel einräumen kann, was sie kann. Das macht wirklich Spaß.

Jetzt sehen wir ein etwas älteres Kind, das die Würfel wie einen Zug schiebt.

Das ist die Sonja. Sie ist zweijährig. Für sie ist einen Zug zu bauen kein Problem. Was sie nicht kann: einen Schornstein drauf setzen, also die Kombination von horizontal und vertikal. Das schafft sie nicht. Das ist für Erwachsene häufig nicht zu begreifen, warum das nicht gehen soll. Jetzt müht sich die Sonja mit ihrem Auftrag ab. Das geht erst mal gut, bis sie spürt, die wollen etwas von mir, was ich nicht kann. Also mache ich halt irgendetwas. Schließlich dreht sie sich weg. Soll es doch der Vater machen, der weiß es sowieso besser.

Was Sie jetzt gesehen haben, das kann man schon bei ganz jungen Säuglingen beobachten. Es gibt einen Bereich, in dem die Kinder verstehen, und wenn sie außerhalb dieses Bereiches geraten, dann geht ihnen die Lust verloren. Das würde uns auch so gehen. Wenn Sie ein fortgeschrittenes Semester Physik besuchen, dann bleiben Sie nicht allzu lange sitzen. Denn Sie verstehen nichts. So geht es auch den Kindern, wenn sie überfordert werden.

Das sehen wir immer wieder auf Ihren Videos: die erfolglosen Versuche der Eltern oder von Erwachsenen, den Kinder etwas beizubringen, was noch nicht dran ist.

Ja, dieser Drang: Wir müssen den Kindern etwas beibringen, zum Beispiel die Würfel horizontal und vertikal aufeinanderzustellen. Aber das geht in diesem Alter nicht. Ich habe es zwei Jahre versucht, erfolglos. Und jetzt kommt ja das Drama, dass so etwas im Schulalter noch weit mehr geschieht.

Jetzt zeige ich Ihnen den Philipp.

Der versteckt sich unter dem Tisch und wirkt sehr verstört. Vermutlich würde man sagen, der sei gestört.

Philipp ist normal entwickelt, außer in der Sprache. Er hat eine sogenannte Spracherwerbsstörung. Einerseits versteht er nicht gut mit seinen fünf Jahren, und anderseits kann er sich nur beschränkt ausdrücken. Wenn er die Untersucherin nicht versteht oder die Wörter für eine Antwort nicht findet, dann verkriecht er sich unter dem Tisch. Bei der nächsten, einer motorischen Aufgabe, da ist er wieder voll da. Er lächelt und wir finden ihn sympathisch. Nun kann er die gestellte Aufgabe erfüllen.

Und Ähnliches, sagen Sie, gilt später auch in der Schule, nur dass die Kinder ihre Unlust nicht mehr so offen zeigen wie die Kleinen, die wir eben gesehen haben?

Ich bin seit ein paar Jahren im Ruhestand und habe mir viele Schulen hauptsächlich in der Schweiz angeschaut. Ich habe feststellen können, dass eine andere Art von Pädagogik, eine kindorientierte Pädagogik, möglich ist. Das ist keine Utopie. Die extremste Schule, die ich gesehen habe, besteht seit 20 Jahren. Sie hat de facto die Lehrer abgeschafft. Also, das geht so: Da sind neunzig Kinder vom Kindergarten bis hin zur Oberstufe. Sie kommen morgens um halb neun in die Schule, und dann beschließen sie, was sie machen wollen. Sehr vieles lernen die Kinder von den älteren Kindern, und wenn sie dann nicht weiterkommen oder Hilfe brauchen, dann gibt es die Erwachsenen, die sie unterstützen. Aber es ist nicht so, dass es da einen strikten Stundenplan oder Wochenplan gäbe, die Kinder bestimmen selber, was sie machen wollen. Das funktioniert. Das Bedürfnis, etwas lernen zu wollen, ist bei den Kindern unglaublich stark.

Wir können in vielen staatlichen Schulen so eine Art Drift beobachten: Weg von den altershomogenen Jahrgangsklassen hin zu Altersmischungen, verbunden mit der Erwartung, dass dann die Kinder mehr voneinander lernen.

Was wir in der Schweiz jetzt immer häufiger haben, ist zum Beispiel: erste bis dritte oder vierte bis sechste Klasse zusammen. Dann sind die Kinder zwangsläufig auf unterschiedlichem Entwicklungsniveau und können voneinander lernen.

In der Schweiz gibt es, nach Kantonen unterschiedlich, seit einiger Zeit die Basisstufe oder Grundstufe. Da sind, herkömmlich gesprochen, Kindergartenkinder und Schulkinder zusammen.

Die Grundstufe umfasst das vierte bis siebte Lebensjahr. Da sind Kinder zusammen, die schon am Schulstoff arbeiten, und andere spielen noch wie im Kindergarten. Und zwar unabhängig von ihrem Alter. Gleich alte Kinder haben in der Kompetenz eine große Variabilität. Das geht bei Siebenjährigen von dem Entwicklungsstand durchschnittlicher Fünfjähriger bis hin zu typischen Neunjährigen. Es gibt es in einer Klasse mindestens ein bis drei Kinder, die schon am Anfang sehr gut lesen können, und es gibt andere, da müssen wir noch zwei bis drei Jahre warten, bis sie lesen können. Wenn man es richtig macht, darf jedes Kind in seinem Tempo lernen. Aber auch ein Kind, das schon weit ist, sollte natürlich seinen Stoff bekommen.

Ich konnte kürzlich eine Grundstufe in Zürich-Seefeld besuchen. Als Erstes fiel auf, da gab es nicht mehr dieses Stillsitzen. Da kommt eine ganz andere Choreografie auf.

Eine Frage ist ja: Wie gehen wir mit dem Bewegungsdrang der Kinder um? Wenn man die motorische Aktivität der Kinder untersucht, ergibt sich Folgendes: Die Aktivität steigt vom ersten Lebensjahr an immer weiter an. Sie erreicht eine Spitze mit etwa sechs bis zwölf Jahren. Also genau dann, wenn die Kinder gefälligst still sitzen sollen, ist der Bewegungsdrang am größten. Jetzt kommt aber noch Folgendes hinzu. Bei Sechs- bis Siebenjährigen haben Sie einen Faktor vier zwischen dem Kind, das sich am wenigsten bewegt und dem, das sich am meisten bewegt. Einen Faktor vier! Und das erklärt auch diese endlosen Diskussionen über Hyperaktivität, vor allem bei den Knaben. Es ist eine Art Folter, zu verlangen, dass ein »hyperaktiver« Knabe fünfundvierzig Minuten still sitzen soll.

Kann man das beweisen?

Das ist nicht einfach so ein Bauchgefühl. Man kann die motorische Aktivität objektiv messen. Das Kind bekommt am Handgelenk einen sogenannten Aktometer befestigt. Der sieht aus wie eine Armbanduhr. Er zeichnet jede Bewegung auf, die das Kind macht. Nach einer Woche kann man sehr genau feststellen, wie bewegungsaktiv das Kind war. Die Variabilität ist unglaublich groß. Kürzlich wurde eine Studie in *Science* veröffentlicht, die zeigt, dass Kinder, die ihren Bewegungsdrang ausleben dürfen, auch in ihren schulischen Leistungen besser werden. Das ist es doch eigentlich, was wir alle wollen. Wenn man den Bewegungsdrang aber unterdrückt, dann bekommen alle Probleme – Schüler, Lehrer und Eltern.

Da wir gerade beim Messen sind, Sie haben auch die Zeit gemessen, die Eltern für ihre Kinder aufbringen.

Erschreckend wenig. Es ist im Minutenbereich, speziell bei den Vätern. Ich habe Untersuchungen in der Schweiz gemacht. Im Durchschnitt sind es zwanzig Minuten pro Tag, die sich der Vater aktiv mit seinem Kind beschäftigt, ohne die Mahlzeiten. Trotzdem fühlen sich die Eltern überfordert! Wir haben immer noch die Vorstellung, es sei die ausschließliche Aufgabe der Eltern, das Kind zu betreuen und zu erziehen. Wenn man zurückblickt auf frühere Zeiten, dann stellt man fest, das ist nirgendwo so, und es war auch bei uns nie so. Das ist eine absolute Novität, dass nur noch die Eltern zuständig sind. Da waren früher immer mehrere Bezugspersonen. Heute sind viele Mütter total überfordert, wenn sie den ganzen Tag, jahrelang, nach ihren ein bis zwei Kindern schauen sollen. Das ist keine gute Situation, auch nicht für die Kinder, wenn man die Verantwortung ausschließlich, und da muss man ja noch präzisieren, nicht den Eltern, sondern der Mutter, zuschreibt. Hinzu kommt: Etwas mehr als ein Drittel der Familien hat ein Kind, ein Drittel hat zwei und nur ein Drittel hat drei oder mehr Kinder.

Dem Kind fehlen also die anderen Kinder.

Richtig. Kinder sind bis vor Kurzem und in allen Kulturen immer mit vielen anderen Kindern aufgewachsen. Fünf, sieben, zehn Kinder unterschiedlichen Alters. In diesen Gruppen laufen für die Entwicklung enorm wichtige Prozesse ab. Schauen Sie mal: Drei-, vierjährige Kinder, wie viel reden die miteinander, wenn sie in einer KiTa oder in einer Spielgruppe mit anderen zusammen sind! Das ist unglaublich. Die reden den ganzen Tag. Versuchen wir als Erwachsene so zu kommunizieren, haben wir keine Chance. Wir haben weder das Einfühlungsvermögen noch die Zeit. Die Auswirkungen sind, dass nicht nur die Migrantenkinder ein Defizit an Sprache und sozialer Kompetenz haben, sondern auch die deutschen und schweizer Kinder, weil ihnen die anderen Kinder fehlen. Ich mag diese ganze Diskussion nicht mehr hören, dass die Kinder außer Kontrolle geraten seien. Das hat mit den nicht kindgerechten Lebensumständen zu tun: Den Kindern fehlen die Bezugspersonen und die anderen Kinder.

Wenn dem so ist, dass die meisten Familien Kleinfamilien sind und bleiben, also dass der Weg zurück zur etwas größeren Familie und zum Dorf nicht zu erkennen ist, was tun? Alle zitieren gern das afrikanische Sprichwort: Es bedarf eines Dorfes, um ein Kind zu erziehen. Aber selbst da, wo Siedlungen noch Dorf heißen, sind es ja in diesem Sinne keine Dörfer mehr, also überschaubare Lebensräume, in denen sich Kinder bewegen können. Müsste man nicht darüber nachdenken, gewissermaßen kulturell konstruierte Dörfer zu schaffen, wo auch das Innen und Außen durchlässiger sind? Ich bin nicht auf dem Dorf aufgewachsen, aber es gab in meiner Kindheit so eine stehende Rede. Da riefen andere Kinder von der Straße: Kalli, kommst du runter? Unsere Tochter hat, glaube ich, nicht einmal in ihrer Kindheit diesen Satz gehört: Mascha, kommst du runter?

Da haben wir eine Entwicklung zugelassen, auch städtebaulich, die kaum mehr rückgängig zu machen ist. Wir haben, nur um noch ein anderes Beispiel zu nennen, das große Wehklagen über die übergewichtigen Kinder, dass die sich zu wenig bewegen; und jetzt gibt es millionenteure Programme, um die Kinder irgendwie in Fahrt zu bringen. Wenn Kinder mit fünf Jahren nicht mal einen Purzelbaum schlagen können, ja, wer soll das dem Kind beibringen? Sicher nicht die Erwachsenen. Wenn die Kinder mit anderen Kindern zusammen sind, dann machen sie das einfach nach. Das ist jetzt lediglich ein Mosaikstein aus dem ganzen Bild einer nicht kindgerechten Umwelt, nur ein Splitter.

Es ist also höchste Zeit, das Aufwachsen der Kinder zu einem der wichtigsten Themen zu machen. Ist das vielleicht noch wichtiger als die Erneuerung der Schule?

Wie erwirbt sich ein Kind seine soziale Kompetenz in den ersten Lebensjahren? Es kann doch nicht sein, dass die nur aus der Interaktion mit Erwachsenen entsteht. Das ist eine sehr asymmetrische Beziehung. Schauen Sie, wie sich in Kindergruppen die Kinder gegenseitig erziehen. Da sieht man auch sehr schön, wie wir uns als Menschheit entwickelt haben. Doch nicht dadurch, dass ein Erwachsener dem Kind gesagt hat, was es zu tun hat. Kinder werden durch Vorbilder sozialisiert. Ich habe in den letzten vierzehn Tagen zwei meiner vier Enkel gehütet. Sie sind zwei und fünf. Es waren manchmal auch noch andere Kinder da, und einmal mehr habe ich die Erfahrung gemacht: Es ist sehr viel einfacher, nach fünf Kindern zu schauen als nach zweien. Wir meinen, wir müssten die Kinder beschäftigen und mit ihnen basteln und weiß Gott was. Das kann man ja auch. Aber was die Kinder wollen, das ist vor allem, miteinander zu spielen. Das geht mit minimaler Aufsicht.

Ich wiederhole noch einmal die Frage: Was ist Ihre Fantasie zur Abhilfe? Müssen wir nicht Orte schaffen, die keine zur Unterbringung und die keine Anstalten sind? Orte, die auch ein bisschen unübersichtlich sind, Orte, über man sagen kann, was der italienische Vorschulpädagoge Loris Malaguzzi verlangte, dass sie der »dritte Pädagoge« sind.

Ich kann da vielleicht noch etwas einflechten, was mich wirklich auch sehr nachdenklich gemacht hat. Ich habe dreißig Jahre gebraucht, bis ich darauf gekommen bin. Wenn man sich überlegt, wie die Kinder früher aufgewachsen sind, kommt man darauf, dass bis vor etwa zweihundert Jahren, also in den letzten hunderttausend Jahren, die Kinder in der Natur aufgewachsen sind, nicht in Räumen. Sie waren in Höhlen und Hütten nur zum Schlafen. Sonst waren sie draußen. Das können wir in vielen Kulturen heute noch beobachten. Für mich ist es immer wieder eindrücklich, zu erleben, was mit Kindern geschieht, wenn man in den Wald geht. Da gibt es kein Kind, das sagt: Ich will nach Hause. Es gibt auch keine hyperaktiven Kinder. Das ist doch wirklich erstaunlich, oder?

Ich habe noch kein Kind gesehen, dass sich im Wald gelangweilt hat. Ich verstehe es nicht ganz, was dahintersteckt. Aber die Natur hat die größte Attraktivität für Kinder. Sie ist ihnen viel wichtiger als ein übervolles Kinderzimmer.

Es geht ja auch um die Erfahrung mit Dingen, die im ursprünglichen Sinne des Wortes Gegenstände sind, mit einem gewissen Widerstand oder auch mit Fremdheit.

Genau das brauchen und wollen die Kinder. Es reden alle über die Kinder, aber sie meinen zumeist die Interessen der Erwachsenen. Ich habe auf meine Bücher keine einzige Zuschrift bekommen, die Kinder seien nicht so, wie beschrieben. Ist ja interessant, nicht? Eigentlich verstehen wir, wie

Kinder ticken. Aber warum in aller Welt wollen wir es nicht umsetzen?

Also sollten wir lieber über die Erwachsenen sprechen als über die Kinder?

Ich nehme jetzt einfach zwei Aspekte heraus, die für mich speziell prominent sind. Zuerst die Lehrer. Was ist eigentlich ein Lehrer? Ich habe den Eindruck, dass sich viele Lehrer in erster Linie über ihr Fach definieren. Aber ich bin mir sicher, ein guter Lehrer definiert sich über das Kind. Ein guter Lehrer ist einer, der sich mit Kindern auskennt. Er beziehungsweise die Lehrerin weiß, wie Kinder lernen, und kann sie dabei unterstützen. Das fachliche Wissen ist nicht das prioritäre. Wenn Sie auf die Ausbildung blicken, dann stellen Sie fest: Die Auswahl der Studenten läuft bereits falsch. Die künftigen Lehrer sollten vor ihrem Studium zuerst ein Praktikum von einem halben, besser von einem Jahr machen müssen. Sie sollten mit Kindern zusammen sein. Dann scheidet sich die Spreu vom Weizen: diejenigen, die keine Freude an den Kindern haben, von denen, die wirklich Lehrer werden wollen.

Nun sieht man Lehrersein immer als Profession. Aber aus Sicht der Kinder sind sie erst mal auch Erwachsene. Und zwar solche, die nach den Eltern den größten Einfluss auf sie haben. Positiv oder negativ. Also: Sehen wir die Lehrer nicht zu sehr als pädagogische Ingenieure und zu wenig als Menschen, mit denen Kinder eine Beziehung haben – oder eben keine Beziehung haben?

Das ist in Tat merkwürdig, wie wenig wir die Lehrer aus Kindersicht betrachten. Wie sehr die Person hinter der Rolle verschwindet. Das wird auch am Verhältnis der Eltern zu den Lehrern deutlich. Die Eltern geben ihr Kind pro Jahr für etwa tausend Stunden in die Schule zu einer Person, die sie oft kaum kennen. Das finde ich unglaublich. Wir haben uns daran gewöhnt, aber man muss sich das mal vorstellen, ich gebe mein Kind tausend Stunden weg in eine Institution und zu Menschen, die ich eigentlich nicht kenne?

Dem entspricht umgekehrt, dass auch die Lehrer die Familien gewöhnlich nicht kennen. Wie von nirgendwo kommen ihnen die Schüler ins Klassenzimmer geschneit. Auch komisch.

Wenn ich das mit Lehrern diskutiere, reagieren sie ganz unterschiedlich. Es gibt Lehrer, die sagen: Das halte ich nicht aus und deshalb mache ich Hausbesuche. Die gehen am Anfang des Schuljahres in die Familien, sitzen am Küchentisch oder am Stubentisch und reden mit den Eltern. Diese Lehrer sagen danach: Nun verstehe ich Kind und Eltern. Dann gibt es Lehrer, die sagen: Für so etwas habe ich keine Zeit. Da finde ich, entweder fehlt das Interesse oder sie teilen ihre Zeit falsch ein. Ich kann mir keine gute Schule vorstellen, wo nicht eine persönliche Beziehung zwischen Lehrern und Eltern besteht. Ich kann mir das schlicht nicht vorstellen. Im Grunde kann ich es kaum glauben, dass die Eltern ihr Kind so viele Stunden Personen anvertrauen, die ihnen fremd sind.

Und wenn es dann doch zum Kontakt von Eltern und Leh-
rern kommt, dann gab es zuvor einen Grund dafür, der
das Treffen schon belastet.

In unserer Poliklinik sehen wir etwa tausend Kinder pro
Jahr im Schulalter mit irgendwelchen Problemen, und sehr
häufig ist es so, dass das erste ernsthafte Gespräch zwischen dem Lehrer oder der Lehrerin und den Eltern erst
dann stattgefunden hatte, wenn das Kind Probleme macht.
Diese Gespräche sind extrem schwierig, weil die Eltern
von einer fremden Person zu hören bekommen, ihr Kind
entspreche nicht den Erwartungen. Ihr Kind habe Defizite.
Im Grunde genommen bekommen die Eltern zu hören: Ich
als Lehrerin oder Lehrer lehne das Kind ab. Auch für einen
erfahrenen Gesprächscoach ist das eine fast unlösbare
Aufgabe. Wenn man aber die Eltern kennt und bereits eine
Beziehung hat, kann man sie einladen und auf der Basis
dieser Beziehung kann man die Schwierigkeiten bespre-
chen.

Diese Beziehung scheint mir deshalb so wichtig, weil die
meisten Eltern ebenso starke wie diffuse Ängste haben.

Bei vielen Eltern beobachte ich eine existenzielle Verunsicherung. Die geht durch alle Schichten. Man hat Angst vor
der Wirtschaftskrise, vor der Arbeitslosigkeit, vor der Zukunft. Da lastet ein enormer Druck auf den Eltern. Den
Druck geben sie an die Kinder weiter. Sie wollen, dass ihr
Kind möglichst gut durch die Schule kommt, damit es in
dieser Gesellschaft seine Chance hat. Hinzu kommt die

Schulerfahrung der Eltern. Sie misstrauen der Schule, weil sie häufig selbst keine guten Erfahrungen gemacht haben. Und dann kommt noch ein dritter Faktor dazu, der für mich eine unglaubliche Dimension hat, aber leider gesellschaftspolitisch immer noch nicht diskutiert wird. Das ist der Umstand, dass die meisten Kinder Wunschkinder sind. Das ist in der Menschheitsgeschichte eine Novität. Bis in die Sechzigerjahre kamen die meisten Kinder schicksalhaft auf die Welt. Es waren oft zu viele, und sie waren eine große Belastung. Aber heute, wenn wir dann schon ein Kind haben, dann muss es auch ein Erfolg werden. Kein durchschnittliches Kind, ein hochbegabtes soll es sein. Ich finde – ich wiederhole mich –, gegenüber Kindern ist Demut angesagt. Das Kind gehört uns nicht, auch wenn wir uns dafür entschieden haben. Das Kind gehört nur sich selber.

Konkret, was beobachten Sie da?

In den Schulen des Kantons Zürich nehmen 40 Prozent der Kinder im Hinblick auf die Aufnahmeprüfung ins Gymnasium privaten Nachhilfeunterricht. In gewissen Stadtquartieren sind es bis zu 90 Prozent. Wohlverstanden, nicht um klüger zu werden, sondern lediglich, um die Prüfung zu bestehen.

Es geht tatsächlich um größere Veränderungen. Das spüren wohl viele Menschen. Und zugleich sind sie wie gelähmt, damit etwas anzufangen. Was tun?

Wenn wir wirklich für die Kinder etwas Gutes tun wollen, dann müssen wir bei uns selber anfangen.

Dann frage ich Sie konkret. Sie haben drei Töchter.

Da kann ich gern meine persönliche Erfahrung anführen. Mutter und Vater sind Mediziner und haben drei Töchter. Was wird aus denen? Eva, die Älteste fand mit zwölf Jahren: Ich werde Gärtnerin. Da haben wir gesagt: Ja, das finden wir gut, haben aber angenommen, das werde sie nochmals überdenken. Mit sechzehn Jahren geht Eva von der Schule ab und wird Gärtnerin. Und sie ist mit 40 immer noch Gärtnerin und hat zwei Kinder.

Und Sie hatten wirklich keine Probleme damit?

Nein, überhaupt nicht. Ich glaube, das hängt auch mit meiner Herkunft zusammen. Aber wir wurden immer wieder darauf angesprochen: Ihr seid Akademiker, und die Eva wird »nur« Gärtnerin. Ich habe alle, die sich so äußerten, herzlich aufgefordert, mal in eine Gärtnerei zu gehen und zu schauen wie anspruchsvoll und komplex diese Arbeit ist.

Und wenn die Arbeit vielleicht nicht so komplex wäre?

Ich wurde da wirklich geprägt von meinen Studien und weiß, das Beste, was wir tun können, ist, zu schauen, dass das Kind das wird, was es werden will. Außerdem ist es doch auch heute nicht mehr so, dass ein Akademiker zu sein so überaus wunderbar ist oder existenzielle Sicherheit garantiert. Der Punkt ist doch: Wenn man ein Leben lang das Falsche macht, wird man zutiefst unglücklich.

Und die beiden anderen Töchter?

Kathrin hat mit sechs Jahren mit Ballett angefangen. Sie wollte eine Primaballerina werden und ging dann ab dem zehnten Lebensjahr auf eine spezielle Schule. Sie hat sehr viel getanzt, zwanzig Stunden und mehr pro Woche. Dann musste sie mit sechzehn Jahren einsehen, dass die Primaballerina ein Wunschtraum bleibt. Unter anderem wegen ihrer Körpergröße. Sie ist lediglich einen Meter und sechzig groß. Früher war das ein Idealmaß, heute ist das nicht mehr so. Dann hat sie eine schwere Zeit durchgemacht. Sie hat eine Banklehre gemacht, geheiratet, zwei Kinder bekommen und wieder zum eigenen Spaß zu tanzen angefangen. Als Johanna Ärztin werden wollte, habe ich gemeint: Hmh? Weil ich ja wusste, wie belastend dieser Beruf für eine Frau mit Familie ist. Aber Johanna hat sich nicht abhalten lassen, und heute ist sie Psychiaterin.

Es kommt also darauf an, verschieden zu sein! Aber das wagt man nur, wenn die Beziehung trägt. Die Wahrscheinlichkeit, dass sich das Wagnis, man selbst zu werden, schließlich als Vorteil erweist, ist groß. Aber man kann ihn nicht erzwingen.

Forscher haben in Amerika festgestellt, dass Kühe, die einen Namen haben, mehr Milch geben. Auf jenen Höfen gibt es eine Beziehung des Bauern oder des Personals zu den Kühen. Dann geben sie mehr Milch.

Vor einiger Zeit haben wir in der Schweiz über eine neue Tierschutzverordnung abgestimmt. Danach ist es nicht mehr erlaubt, einen Hamster allein zu halten. Diese Tiere brauchen Geselligkeit, sonst geht es ihnen psychisch nicht gut. Es wird eine ganze Reihe von Tieren aufgelistet, die man nur in Gruppen halten darf oder mindestens zu zweit. Das fand ich unglaublich, denn so etwas haben wir für die Kinder nicht.

Nicht wenige Erwachsene haben ja spätestens, wenn ihr Kind in die Schule kommt, Angst davor, es könne verwöhnt und nicht wirksam auf die Härten des sogenannten späteren Lebens vorbereitet werden.

Ja, merkwürdig, wir wissen, dass die Bindung an die Eltern in den ersten Lebensjahren und auch später noch etwas sehr Wichtiges ist. Aber kommen die Kinder in die Schule, dann ist es mit diesem Anspruch plötzlich vorbei. Ich finde es immer wieder berührend, zu sehen, wie sich die Kinder am ersten Schultag auf die Person da vorn ausrichten. Sie wollen sich an diese Lehrerin binden. Natürlich nicht in dem Maß, wie das bei den Eltern geschieht. Binden heißt, sie wollen von dieser Person angenommen sein, sie wollen akzeptiert sein, und zwar als Person, unabhängig von ihren Leistungen. Und wenn die Lehrer das nicht hinkriegen, dann machen die Kinder auch weniger mit. Das ist wie bei den Kühen. Leider wird kaum über die Beziehungen in der Schule diskutiert. Dabei sind Geborgenheit und

Angenommensein eine Grundvoraussetzung, damit die Kinder gut lernen können.

Die Schule, eine beziehungsschwache Insel?

Ja, Beziehungslosigkeit macht nicht nur Kinder unglücklich, sondern auch Lehrer. Beziehungsmangel ist eine der wichtigsten Gründe für Burn-out.

Flugschriften –
Archiv der Zukunft

Kinder sind keine Fässer, die gefüllt,
sondern Flammen, die entzündet werden wollen.

Ein schöner Satz. Er ist unser Motto. Der Satz ist ganz alt, wunderbar jung und so aktuell. Außerdem gilt der Abschied vom Fässerfüllen nicht nur für Kinder.

Überliefert ist uns das Zitat von dem Renaissancemenschen Francois Rabelais*, der das Bild aus der griechischen Antike hatte. Es ist kein Zufall, dass die Abkehr vom Fässerfüllen in Zeiten proklamiert wurde, in denen die menschliche Subjektivität erwachte. In der Antike, in der Renaissance und auch heute wieder im Übergang von einer Industriegesellschaft, in der die meisten Menschen wie Maschinen funktionieren mussten, zu einer nächsten Gesellschaft, die eine Kultur- und Ideengesellschaft werden könnte.

Dieser Wandel steht in der Bildung, also in Schulen, Kindergärten und Hochschulen an.

---

* Francois Rabelais war Dichter, Arzt, Mönch und Priester. Vielleicht kommt es wieder auf solche etwas multiplere Personen an.

Derzeit wird dort allerdings eher das Fässerfüllen perfektioniert. Von Lernbulimie ist die Rede. Das ist die eine Seite. Auf der anderen Seite hat ein Wandel begonnen. Der ist häufig verborgen und wirkt im Alltag.

Als Ferment dieses Wandels wurde das »Archiv der Zukunft« gegründet. Zukunft hat ja immer schon begonnen. Mit der Filmkamera machte sich das Archiv auf die Suche nach Schulen, die gelingen und wurde fündig. Die große Resonanz auf den Film »Treibhäuser der Zukunft« führte dann zum gleichnamigen »Netzwerk Archiv der Zukunft«.

Seine Mitglieder verbindet die Überzeugung, dass Schulen und andere Bildungshäuser die schönsten und kultiviertesten Orte sein sollten. Sie sollten für unsere Gesellschaft das werden, was die Kathedralen für das Hochmittelalter waren.

Das Netzwerk versteht sich als *Intelligenz der Praxis*. Die Praxis ist die Königin. Sie ist nicht die Magd im Dienst eines höheren Wissens. Sie setzt nicht einfach nur um und sie führt nicht bloß aus. Sie kündigt dem Leben im fremden Auftrag ihre Hörigkeit – auch gegenüber Bürokratien, Behörden und der Herrschaft der Schreibtische. Allerdings haben am Hof der Königin die Theorie, die Kunst und vor allem kritische Beobachter bevorzugte Plätze. Die Praxis ist souverän oder sollte es endlich werden.

Praxis bedeutet zu lernen. Das aparte Theoriewissen hört damit zumeist irgendwann auf und beginnt zu belehren.

Die »Flugschriften – *Archiv der Zukunft*« erweitern den Hof dieser Königin und laden in ein weiteres Haus ein.

Die Flugschriften sammeln und verbreiten Ideen und Geschichten. Wenn immer möglich solche des Gelingens.

Gelingen können nur Individuen. Auch Schulen und andere Bildungseinrichtungen sollten eine Biographie haben – wie Individuen. Alle Individuen, institutionelle und persönliche gelingen auf ihre je eigene Weise. Und Gelingen kann nur, was auch schiefgehen darf. Lernen ohne Fehler machen zu dürfen, läuft aufs Kopieren hinaus und verkehrt sich ins Gegenteil.

»Kinder brauchen Wurzeln und Flügel«, schrieb Goethe. Auch Erwachsene brauchen Wurzeln und Flügel, wie alle, die nicht aufgehört haben zu staunen und zu fragen, zu diskutieren, zu forschen und zuzuhören, eben zu lernen und zu leben. Überleben reicht nicht. Wenn in Schulen Leben auf Überleben reduziert wird, ist das ein Skandal.

Der Satz von Karl Marx, dass die Philosophen die Welt nur verschieden interpretiert hätten, aber es darauf ankäme, sie zu verändern, gilt immer noch. Peter Sloterdijks Abwandlung geht weiter: Die Philosophen haben die Welt nur verschieden umflogen. Es kommt darauf an zu landen.

Also fliegen! Und dann landen! Und wieder fliegen! Aber vor allem landen!

Kontakte zum Archiv der Zukunft

Es gibt die *Archiv der Zukunft – Produktion* (von Filmen),
mit der alles anfing.
    www.archiv-der-zukunft.de
Und es gibt das daraus entstandene Netzwerk.
    www.adz-netzerk.de

Adresse für beide:
Eppendorfer Landstraße 46
20249 Hamburg